U0796857

北京高等学校青年英才计划项目
[Beijing Higher Education Young Elite Teacher Project]

UN
The UN in Global Governance

全球治理中的联合国

金 彪◎著

时事出版社

图书在版编目（CIP）数据

全球治理中的联合国/金彪著．—北京：时事出版社，2016.2
ISBN 978-7-80232-913-3

Ⅰ.①全…　Ⅱ.①金…　Ⅲ.①联合国—作用—国际政治—研究
Ⅳ.①D813.2②D5

中国版本图书馆 CIP 数据核字（2015）第 272942 号

出 版 发 行：时事出版社
地　　　址：北京市海淀区万寿寺甲 2 号
邮　　　编：100081
发 行 热 线：（010）88547590　88547591
读者服务部：（010）88547595
传　　　真：（010）88547592
电 子 邮 箱：shishichubanshe@ sina. com
网　　　址：www. shishishe. com
印　　　刷：北京昌平百善印刷厂

开本：787×1092　1/16　印张：14.25　字数：184 千字
2016 年 2 月第 1 版　2016 年 2 月第 1 次印刷
定价：60.00 元
（如有印装质量问题，请与本社发行部联系调换）

前　言

联合国在人类经历两次世界大战之后成立，作为雅尔塔体制的产物，联合国反映了二战后的国际格局。70 年来联合国经历了国际社会深刻的变化，从冷战到两极格局的瓦解，新兴国家的快速崛起到冷战结束后全球化加速发展。在全球化深入发展，全球性问题严重威胁人类社会发展的背景下，如何适应国际形势的发展变化是联合国面临的现实挑战。全球治理作为一种理念和制度创新成为国际社会应对全球化消极影响的有效选择。在全球治理中联合国到底能发挥何种作用？本书从具体案例入手分析联合国所参与的治理实践，分析联合国各领域的地位和作用，评估其治理效果。

在安全领域，联合国一直是国际合作的重要平台，与此同时，联合国也是安全治理的重要主体。在全球范围内，无论是国家间冲突还是国家内部冲突，联合国为隔离交战双方、监督停火、重建和平、救助难民等做了大量的工作，发挥了至关重要的作用。随着安全问题越来越复杂，解决难度越来越大，国内冲突逐渐取代国际冲突成为安全问题的重点，宗教种族矛盾、恐怖主义问题成为国内冲突的导火索，冲突之后重建和平、维持和平任务繁重，联合国在安全领域的治理行动面临诸多挑战。例如，由于大国的干涉，自身机构的局限，联合国在应对叙利亚危机中的作用相对有限。

在经济发展领域，联合国长期为消除贫困、促进更均衡地发展而努力。联合国在经济发展领域取得了令人瞩目的成绩，也有一些遗憾。21 世纪初，联合国在会员国的共同努力下制定了千年发展目标。为实现千年发展目标，联合国推动发达国家和发展中国家的合作，监督各国的行动，推广成功的经验和做法。2015 年千年发展目标基本实现，在此基础之上，联合国制定了 2015 年后发展议程，正在为下一步目标而努力。然而，在应对 2008 年全球性金融危机方面，联合国发挥的作用相对有限。

在环境治理方面，联合国是国际环境合作的首选平台，推动了国际社会应对气候变化方面的合作。联合国推动主权国家之间达成量化减排协议，并且监督协议的执行，推动发达国家向发展中国家提供资金、转移技术。联合国不仅推动会员国之间的合作，而且融合了公民社会的力量参与其中并发挥重要作用。2015 年底，即将在巴黎召开全球气候变化大会，国际社会对在本次会议上达成新的减排目标普遍持谨慎乐观的态度，联合国在其中的作用不可忽视。

在人道主义救援方面，联合国不仅是人道主义救援的中坚力量，而且是国际人道主义救援的合作中心，推动了相关国际组织之间的合作。在国际人道主义救援中联合国发挥了不可替代的作用。

70 年来联合国一直坚持其宗旨，为维护世界和平、促进世界发展、推动人权的普遍尊重、增进人类福祉方面发挥了不可替代的重要作用。在全球治理中，联合国是治理的主体还是国际合作平台，还是二者兼有，这不仅和具体领域有关，也和联合国与会员国及公民社会的合作有关。全球化的深入发展需要全球治理，全球治理需要主权国家、国际组织和公民社会密切合作，联合国具有代表性和权威性方面的优势，是这三类治理主体合作沟通的桥梁。全球化时代需要全球治理，全球治理需要联合国在其中发挥重要的作用。

金彪

2015 年 11 月

目　录

第一章　全球化背景下的联合国

冷战结束以来，经济、政治等领域的全球化加速发展深刻地影响和改变着世界。全球化是一个充满着矛盾和悖论的发展过程，既给国际社会带来了机遇也带来了挑战。在交通通信技术不断进步的条件下，世界各国之间的人文交流和商品流通更加便捷，全球化促进了贸易和经济增长。与此同时，全球化的负面影响也同样明显，原来一些区域性问题出现了全球化的趋势，一些非传统安全问题出现了传统化的趋势。有的国家抓住了全球化的发展机遇，实现了经济快速发展、民众生活水平和国家综合实力的稳步提高；有的国家经济发展停滞、社会秩序混乱。国家之间实力此消彼长，国际格局发生了明显变化。在全球化深入发展的背景下，主权国家、政府间国际组织、非政府组织和跨国公司等都受其影响。

联合国作为最具权威性、最具影响力和最具代表性的国际组织，自成立以来在维护世界和平、促进经济发展、人道主义救援和全球性问题的解决方面发挥了不可替代的重要作用。在全球化深入发展的背景下，联合国面临的国际形势和国际格局不断发生变化，一些老问题还没有彻底解决，又面临了一些新的挑战。这些交替出现的新老问题影响着联合国的地位和作用。全球化时代，联合国存在的新问题和面临的新挑战如下：

第一，联合国面对的问题空前复杂。在全球化深入发展的背景下，联合国面临着日益繁重的任务。尤其是在冷战结束后，全球化加速发展，新问题不断涌现，一些传统问题也出现了全球化的趋势。自成立以来，联合国一直将促进这些问题的解决视为己任。联合国宪章开宗明义地指出其宗旨："一、维持国际和平及安全；并为此目的采取有效集体办法，以防止且消除对于和平之威胁，制止侵略行为或其他和平之破坏；并以和平方法且依正义及国际法之原则，调整或解决足以破坏和平之国际争端或情势。二、发展国际间以尊重人民平等权利及自决原则为根据之友好关系，并采取其他适当办法，以增强普遍和平。三、促成国际合作，以解决国际间属于经济、社会、文化及人类福利性质之国际问题，且不分种族、性别、语言或宗教，增进并激励对于全体人类之人权及基本自由之尊重。"① 目前国际社会存在许多和联合国宗旨息息相关的问题，主要有：政治方面，国家间和国家内部的武装冲突，种族间、不同教派间的武装冲突，核武器的扩散等；经济方面，国际金融市场的动荡，债务危机，国际社会的两极分化等；环境方面，全球气候变暖，资源枯竭，生物多样性的丧失等；人道主义方面，因自然灾害、武装冲突导致的国际难民急需人道主义救援；另外，还有其他全球性问题，如网络安全、非法移民、毒品交易等跨国犯罪活动，艾滋病等传染性疾病的传播等。这些问题依靠单个国家难以得到很好的解决，需要国际

① 《联合国宪章》第一章第一条，参见联合国网站：http：//www. un. org/zh/documents/charter/chapter1. shtml。

社会各方面力量的合作。在解决这些全球性问题的过程中，联合国承载着国际社会很高的期望，面临的任务更加繁重。

第二，联合国应对新问题、新挑战的能力不足。全球化时代各种问题不断出现，对各主权国家和国际组织的应对能力提出了更高的要求。联合国是最具代表性的国际组织，但由于成员国众多，导致决策缓慢、效率低下，使其在面对突发性问题时行动迟缓、应对能力不足。例如在应对2008年金融危机方面，联合国充分暴露了反应慢、应对不力的问题。联合国直到2009年6月底才在纽约召开世界金融和经济危机及其对发展影响高级别会议。这是联合国历史上首次就国际金融危机问题举行高级别会议。会议旨在帮助世界各国在金融和经济危机面前协调立场，合作制定长期的应对方案。会议通过了一份成果文件，呼吁国际社会增加对发展中国家的援助，然而在协调各国的宏观政策方面并没有什么实质性成果，而且在会议之后也缺乏后续行动。在全球化时代，一些全球性问题影响范围广，爆发突然，治理难度大，需要国际社会及时应对。联合国亟需提高应对新挑战的快速反应能力。

第三，其他国际组织和新兴合作机制在应对全球性问题方面的竞争。全球化时代全球性问题层出不穷，国际社会应对全球性问题的机构与合作机制也是各尽其责。针对近年来愈发严重的全球性问题对人类社会形成的挑战，国际社会加强了合作，不仅利用了原有的国际合作平台，而且开创了新的合作平台与机制。例如在应对2008年爆发的全球性金融危机方面，“二十国集团”（G20）成为了开展国际合作的首要平台。在应对金融危机过程中，G20不仅反应快而且效率高。在金融危机爆发后不久，G20于2008年11月就在美国华盛顿召开了首次成员国峰会，国际货币基金组织、世界银行都参与其中，联合国秘书长也应邀出席。G20 华盛顿峰会讨论了金融危机产生的原因，探讨加强国际金融领域监管规范推进金融体系改革等问题，各国共商促进全球经济发展的举措，最后通过了《华盛顿共识》，在多个领域达成共识应对危机。2009 年 4 月，G20 在英国伦敦召开了第二次成员国峰会。从 2008 年到 2010 年底，在金融危机的前 3 年内 G20 召开峰会的频率为每半年一次，此后为每一年一次。在 G20 的合作平台上，世界上最重要的经济体出台措施共同刺激经济增长，推动国际金融体系改革，取得了卓有成效的成果。除了 G20 之外，欧盟、阿盟、上海合作组织、金砖国家（BRICS）合作机制、亚洲基础设施投资银行（Asian Infrastructure Investment Bank，简称“亚投行”或 AIIB）等国际组织和新兴国际合作机制，都在全球和区域问题治理方面扮演了重要的角色。这些国际组织和国际合作机制都与联合国开展了不同程度的合作，客观上在全球治理方面与联合国存在着一定的竞争关系。这些国际组织和国际合作机制相对而言有其优势，如规模较小、效率高、灵活性强，无历史包袱，决策机制高效。从实际效果看，它们对于经济社会领域的决策起到良好的作用。如果联合国在应对全球性问题方面的能力没有实质性提高，无法在全球治理中发挥重要作用，将来只会被边缘化，将全球治理的中心舞台让位于其他国际组织和国际合作机制。

除了以上这些新问题与新挑战之外，联合国长期以来面临的一些传统问题一直没有得到解决，主要有：

第一，偏重政治、安全等“高级政治”问题，忽视经济、发展等“低级政治”问题。联合国在成立之初就建立了经济及社会理事会专门处理经济、社会方面的事务，但直至现在，联合国在推动经济、社会发展方面的作用和能力仍相当有限。在联合国机构中经社理事会被公认为是最弱的一环。[①] 联合国经社理事会有54个成员国，每年7月召开为期四周的会议，但是在协调各方力量解决全球性问题方面作用有限。联合国专门机构更是难以应对各自领域的重大挑战。例如，世界卫生组织根本无法承担全球艾滋病带来的巨大压力，联合国环境规划署在其领域中同样无法独自支撑。冷战结束后，发展领域的问题受到国际社会的更多关注，而联合国似乎更关注安全等传统“高级政治”领域方面的事务，在经济、社会方面的作用远远逊色于其在安全、政治方面的表现。值得注意的是：近年来联合国主要关注安理会改革等政治方面的议题，受此影响经济社会发展方面相对投入较少。安理会改革进程缓慢，牵制了联合国过多的精力。各国在安理会改革方面的分歧，不仅影响了联合国内部的团结，而且限制了在其他方面作用的发挥。

第二，财政危机。自1945年成立以来，财政问题一直困扰着联合国。联合国经费完全由会员国缴纳的会费提供。各会员国根据《联合国宪章》规定的缴付比例分摊会费，会费是按照全体会员国核准的公式，根据该国在世界经济中的份额以及支付能力计算。各国分摊的比例在不断调整中，例如中国分摊的会费在增加，美国、日本分摊的比例呈下降趋势。联合国从未向商业机构借款，只能依靠各会员国履行条约义务，按时足额缴纳会费。按照联合国财政规则3.4条，各会员国应该在每年开始的头30天内即每年1月31日之前缴纳当年会费。然而，拖欠联合国会费在会员国中是普遍存在的现象。会员国拖欠会费的原因包括多种：预算上的技术问题、财政困

① 〔美〕保罗·肯尼迪著，卿劼译：《联合国：过去与未来》，海南出版社2008年版，第231页。

难的经济问题、意图施加压力的政治原因等。联合国对于拖欠会费的会员国有相应措施。根据《联合国宪章》第十九条规定，“凡拖欠本组织财政款项之会员国，其拖欠数目如等于或超过前两年所应缴纳之数目时，即丧失其在大会投票权。大会如认为拖欠原因，确由于该会员国无法控制之情形者，得准许该会员国投票。”截至2015年2月27日，共有8个会员国属《联合国宪章》第十九条规定的拖欠缴款。2014年10月9日，大会通过第A/RES/69/4号决议，允许其中的4个国家科摩罗、几内亚比绍、圣多美和普林西比、索马里在大会第69届会议期间投票，拖欠会费的会员国也门不得在大会投票。① 根据联合国大会在网站公布的统计数据，截至2014年12月31日，144个会员国全部缴纳了2014年的经常预算摊款②，拖欠2014年会费的成员国中包括联合国安理会常任理事国美国。2015年的会费，截至2015年8月6日，仅109个会员国全部缴纳了2015年的经常预算摊款，其中只有25个国家按要求在2015年1月31日前缴纳会费。③ 有一些会员国利用会费作为杠杆以达到其政治目的，个别会员国拖欠会费并且很好地把握火候，既不损害其自身利益，不至于失去其在联合国大会的投票权，但影响联合国的日常运转和行为能力。

除此之外，联合国还面临一些多年尚未解决的老问题，例如议题过多、机构臃肿、效率低下等。联合国试图通过改革解决这些问

---

① 参见联合国网站：http：//www.un.org/zh/ga/about/art19.shtml。

② 参见联合国网站：http：//www.un.org/zh/ga/contributions/honourroll_2014.shtml#note。

③ 中国全部缴清历年会费，于2015年3月12日缴纳2015年全部分摊会费，共计139694305美元，参见联合国网站：http：//www.un.org/zh/ga/contributions/honourroll.shtml。

题，但是一直没有取得满意的效果。全球化时代，联合国的老问题没有完全解决，又面临新的挑战，如何迎接挑战，解决这些新老问题是联合国面向未来发展的现实议题，这将影响到联合国的地位和作用。联合国是被边缘化还是重返多边外交的中心将取决于如何应对这些挑战。

第二章　积极参加全球治理是联合国在全球化时代的选择

全球化时代，联合国需要解决内部问题应对外部挑战，以维护其国际权威避免被边缘化。联合国需要以新的理念、新的机制和新的角色，与其他国际行为体建立灵活、高效的合作关系，并且在应对全球性问题中发挥主导作用。积极参与全球治理是联合国在全球化时代的有效选择。

第一节　全球治理理论

冷战结束后，随着全球化的进展和国际政治经济格局的调整和变化，全球治理日益成为国际社会关注的热点问题。詹姆斯·罗西瑙、俞可平等学者对全球治理理论的发展做出了突出的贡献。

全球治理理论首先将治理和统治的概念进行了区别。美国学者詹姆斯·罗西瑙认为，治理是一种由共同目标支持的活动，这些管理活动的主体未必是政府，也无需依靠国家的强制力量来实施。治理既包括政府机制也包括非正式的、非政府的机制。这与政府依靠强制力量推行其政策既有联系又有区别。联合国全球治理委员会在题为《天涯若比邻》的研究报告中将治理界定为：各种公共的或私人的、个人和机构管理其共同事务的诸多方式的总和。它是使相互冲突的或不同的利益得以调和并且采取联合行动的持续的过程。它既包括有权迫使人们服从的正式制度和规则，也包括各种人们同意或以为符合其利益的非正式的制度安排。① 治理反映了这样一种观念：各国政府并不完全垄断一切合法的权利，政府之外，社会上还有一些其他机构和单位负责维持秩序，参加经济和社会调节。② 统治是建立在权威机构的基础之上的，是上级机构对下级机构的权威性的管理，中央政府对地方政府和人民的管辖，这种管理和管辖有暴力机构做后盾。统治体现的是权威性、有序性、强制性和暴力性。而治理是通过多方参与的方式解决面临的问题，包括有权威机构的统治行为，也有非官方的民间机构的组织和参与，更多的是采用协商与合作的手段而不是行政命令。治理体现的是公开性、开放性、多元性和民主化的特点。治理是政府统治行为的发展，是政府统治行为吸纳社会力量参与社会管理的结果，也是现代社会发展的趋势。治理并不否认政府的主导地位和作用，个人、非政府组织等社会力量是政府统治的必要补充。

---

① The Commission on Global Governance, Our Global Neighborhood, Oxford: Oxford University Press, 1995, pp. 2 – 3.

② James N. Rosenau, Governance Without Government: Order and Change in World Politics, Cambridge: Cambridge University Press, 1995, p. 5.

全球治理的概念是在20世纪90年代初提出的，其倡导者是于1992年成立的、由瑞典首相卡尔松和圭亚那前外长兰法尔两人担任主席的全球治理委员会。对于全球治理的概念，目前学术界还没有公认的定义，甚至在表达上也有不同的说法，例如“国际治理”、“世界范围的治理”、“全球秩序的治理”等。全球治理委员会指出全球治理不是建立“国家政府”或“世界政府”，而是为应对相互依存程度加深、经济全球化和世界一体化日趋加深的背景下出现的全球性问题和危机，是全球范围内国家或组织的协调与合作。有学者认为，全球治理实际上是治理在全球范围内的扩展，它包含三个基本含义：一是治理针对的对象是单个国家无法单独解决的区域性或全球性问题，需要相关主体的合作。二是治理的主体是多元的，通常包括民族国家、政府间国际组织、非政府组织及个人。这些不同主体在问题的确认、解决和评价上承担着不同的功能，在很大程度上是互补的。三是全球治理并不是单一层次的，而是多层次的。它主要包括四个层次，即次国家层次、国家层次、国际区域层次以及全球层次。这些层次并不是相互独立的，而是相互连接相互促进的。① 英国学者戴维·赫尔德认为，全球治理不仅意味着正式的制度和组织——国家机构、政府间合作等——制定（或不制定）和维持管理世界秩序的规则和规范，而且意味着所有的其他组织和压力团体——从多国公司、跨国社会运动到众多的非政府组织——都追求对跨国规则和权威体系产生影响的目标和对象。② 托尼·麦克格鲁认为，多层次的全球治理指的是从地方到全球的多层面中，公共权威

---

① 杨雪冬：《全球化：西方前沿理论》，社会科学文献出版社2002年版，第83页。

② ［英］戴维·赫尔德等著，杨雪冬等译：《全球大变革》，社会科学文献出版社2001年版，第70页。

与私人机构之间一种逐渐演进的（正式与非正式）政治合作体系，其目的是通过制定和实施全球的或跨国的规范、原则、计划和政策来实现共同的目标和解决共同的问题。[①] 另外，有些学者认为全球治理需要建立权威性的世界政府。全球治理意味着建立一个世界政府来制定法律和政策。没有一个世界政府，世界共同体就会缺乏优先考虑和有义务照顾普遍利益的全球制度。[②] 有学者认为，全球治理是各国政府、国际组织、各国公民为最大限度地增加共同利益而进行的民主协商与合作，其核心内容应当是健全和发展一整套维护全人类安全、和平、发展、福利、平等和人权的新的国际政治经济秩序，包括处理国际政治经济问题的全球规则和制度。[③] 中国学者蔡拓认为，全球治理是以人类整体论和共同利益论为价值导向的，多元行为体平等对话、协商合作，共同应对全球变革和全球问题挑战的一种新的共同管理人类共同事务的规则、机制、方法和活动。全球治理的特点有：从政府转向非政府，从国家转向社会；从领土政治转向非领土政治；从强制性、等级性管理转向平等性、协商性、自愿性和网络化管理。[④] 俞可平认为，所谓全球治理，指的是通过具有约束力的国际规制（regimes）解决全球性的冲突、生态、人权、移民、毒品、走私、传染病等问题，以维持正常的国际政治经济秩序；是各国政府、国际组织、各国公民为最大限度地增加共同利益而进行

① 俞可平：《全球化：全球治理》，社会科学文献出版社 2003 年版，第 151 页。

② Errol E. Harris, James A. Yunker Eds, Toward Genuine Global Governance: Critical Reactions to "Our Global Neighborhood", Westport: Praeger Publishers, 1999, p. 56.

③ 王义桅：《超越均势：全球治理与大国合作》，上海三联书店 2008 年版，第 222 页。

④ 蔡拓：《全球治理的中国视角与实践》，载于《中国社会科学》2004 年第 1 期，第 95 – 97 页。

的民主协商与合作，其核心内容应当是健全和发展一整套维护全人类安全、和平、发展、福利、平等和人权的新的国际政治经济秩序，包括处理国际政治经济问题的全球规则和制度。全球治理包括五个要素：全球治理的价值、规制、主体或基本单元、对象或客体以及效果。这五个要素可以简单地分解为五个问题：为什么治理？依靠什么治理或如何治理？谁治理？治理什么？治理得怎么样？①

笔者认为，全球治理是指主权国家、政府间国际组织、跨国企业、非政府组织等通过协作和联合行动，建立有效的国际机制，促进国际社会的稳定和全球经济的发展，维持正常的国际政治、经济秩序。通过各相关行为者之间的协调与合作，使一些全球性的问题得到解决，使一些弱势群体和落后国家的人民享受到全球化带来的好处，减少全球化给他们带来的负面影响。

全球治理的价值也就是目标，是指实现人类的和平相处，实现可持续的共同发展，消除极端贫困，遏制传染性疾病的蔓延，保护地球环境，保护人类文明的多样性及人类共同文化遗产。

全球规制一般是指全球治理依据的行为准则，包括人类普遍承认和遵守的道德规范、国际法的基本原则和具体的国际法律法规，还包括双边和多边国际协议、行动章程。

全球治理的主体或基本单元指的是实施全球治理的机构。全球治理并不意味着世界政府或类似的超国家的权威机构。主体主要有三类：第一类是主权国家。毋庸置疑，主权国家是当今国际社会最重要、最活跃的行为主体。第二类是由主权国家组成的国际组织。在全球化时代，国际组织成为国际协调的重要场所和制定国际规则

① 俞可平：《全球化：全球治理》，社会科学文献出版社 2003 年版，第 12 页。

的重要机构，例如联合国、世界银行、世界贸易组织等。第三类是从事国际活动的公民社会组织，其中主要是国际非政府组织，也包括全球性的社会运动等。除了这三类主体外，跨国企业和各类“全球精英分子”也是全球治理不可忽视的主体。大型跨国公司对全球政治、经济秩序有重大的影响，同时各国的政治、经济和学术界的精英分子对国际社会的影响也是不容忽视的。全球治理并不否认或忽视主权国家的重要作用。在全球治理三类主体中，主权国家仍然是最重要、最具影响力的主体，主权国家所拥有的资源和行为能力是其他主体无法比拟的。全球治理在重视主权国家作用的同时，尤其重视不同类型行为主体之间的协调与合作。

全球治理的对象，是指当前或潜在的全球性问题。这些问题依靠单个国家难以得到很好的解决，需要国际社会各方面力量的合作。这些问题主要有：政治方面，国家间和种族间的武装冲突、核武器的扩散等；经济方面，国际社会的两极分化、债务危机、国际金融市场的动荡等；环境方面，全球气候变暖、资源枯竭、生物多样性的丧失等；另外，还有其他的全球性问题，如跨国犯罪、传染性疾病的传播等。人类社会为了迎接挑战，解决这些极具威胁性的重大问题，需要有新的全球制度安排和全球新秩序，需要建立新的全球治理体制。[①] 正是这些问题使全球范围内的治理变得尤为迫切。

全球治理的目的是为了人类社会的稳定与和谐发展，促进全球性问题的解决。对这一目标实现程度的评估也是全球治理的重要内容。

全球治理理论倡导了一种共同参与的理念，强调国际社会中不

---

① 赵黎青：《非政府组织与可持续发展》，经济科学出版社 1998 年版，第 220 页。

同的行为体参与共建有效的国际机制，参与全球性问题的解决，特别重视非政府组织在其中的作用。但是，目前全球治理理论还不成熟，尚没有对非政府组织在全球治理中的确切作用予以准确判断并做出合理解释，对非政府组织与政府间国际组织和主权国家的关系也还没有做出有说服力的分析和总结。

第二节　全球治理是联合国应对挑战的有效选择

全球治理是国际社会应对全球化挑战的必由之路，全球治理改变了传统合作模式中仅由大国主导国际事务的弊端，需要各国际行为体以新的合作理念和方式建立相关机制，共同应对全球化带来的负面效应。全球治理的形成、发展过程是国际格局的重组，将改变主权国家主导国际事务治理的传统局面，对于国际行为体而言机遇与挑战并存，这将给予非国家行为体更多机会。无论是主权国家还是国际组织，如果在全球治理中能够发挥主导作用将会提高其国际地位。目前，真正意义上的全球治理尚未完全实现，只是在个别领域实现了有效的全球治理，例如应对气候变化领域。在有些领域全球治理的理念还未达成共识，全球治理的相关制度也并不完善。

近年来，联合国在国际事务中的作用难以达到国际社会的期望，而且面临其他国际组织的竞争，有被边缘化的危险。推动并主导全球治理成为联合国应对内外挑战的有效选择。对于联合国而言，推动并主导全球治理是其应对内外挑战的机遇。联合国积极参与全球治理将推动其内部改革进程，有利于提高其应对全球化挑战的能力，有利于重塑其权威，成为应对全球性问题的核心平台。

首先，积极参与全球治理将推动联合国改革进程。联合国是二战后世界政治平衡的产物，所反映的是以雅尔塔体系为基础的、二战以来的国际政治格局。与联合国成立之初相比，世界形势发生了深刻的变化，正如前联合国秘书长安南所说："今日之世界已完全不同于 1945 年。"① 联合国需要通过改革来适应形势的发展。联合国需要进行改革，这是国际社会的普遍共识，联合国自身也认识到改革势在必行。早在 1954 年联合国就开始启动了改革进程。由于一些中小发展中国家反对联合国安理会五个常任理事国拥有否决权，要求修改《联合国宪章》。时任联合国秘书长哈马舍尔德任命了一个三人专门小组研究联合国改革问题，正式启动了联合国改革进程。此后改革进程逐步推进。1965 年 8 月 31 日开始生效的《联合国宪章》修正案，将安理会非常任理事国从 6 个增加到 10 个，1965 年和 1973 年两次《联合国宪章》修正案将经社理事会成员国先后从 18 个增加到 27 个再到 54 个。这是联合国历史上迄今仅有的三个《联合国宪章》修正案。冷战结束后，联合国安全理事会改革逐渐被提上日程。1993 年，第 48 届联大决定成立安理会改革专门工作组。安理会改革工作小组于 1994 年 1 月开始启动。联合国改革经过历任秘书长的努力取得了一些成果，但是远远低于国际社会的期望，实际效果也不明显。在全球化深入发展的背景下，联合国参与全球治理需要加快

① Edward C. Luck, "How Not to Reform the United Nations", Global Governance (volume 11), 2005.

推进改革步伐，通过改革提高效率、提高应对新挑战的能力。全球治理需要一个更加高效、透明的联合国，全球治理将倒逼联合国加快改革进程。

其次，积极参与全球治理将提高联合国应对挑战的能力。一方面，联合国参与全球治理，可以提高应对新问题的能力。随着全球化形势的发展，联合国需要以新的理念看待全球性问题，以新的形式开展与其他行为体的合作，以新的视角审视各方的利益冲突。通过参与全球治理，可以提高联合国对新出现的全球性问题的敏感度，在问题出现以前采取前瞻性、预防性措施加以应对，在问题出现以后与其他行为体快速反应通过合作联合应对，以把握解决问题的最佳时机。在2008年全球性金融危机发生后，令人遗憾的是联合国没有在第一时间迅速做出有效应对，与其他行为体缺乏有效的互动合作。全球化过程中不仅有新的全球性问题不断出现，一些传统问题也以新的方式出现，联合国的应对措施也需要与时俱进。另一方面，联合国参与全球治理可以帮助其克服一些固有顽疾。在全球治理过程中，与不同行为体之间的磨合，将进一步提高联合国整合资源的协调能力，解决效率不高的顽疾。长期以来，联合国在面对众多会员国和其他合作伙伴时，在协调方面耗费了太多的资源和时间，以至于浪费了解决问题的宝贵时机。另外，全球治理中不同类型的行为体各有所长，在共同目标指引下，可以发挥各自优势，通过合作可以取长补短，弥补联合国在有些方面的能力不足，切实提高联合国应对全球性问题的能力。

再次，积极参与全球治理将有利于联合国重塑其权威，成为应对全球性问题的核心合作平台。近年来，联合国权威受到一些事件影响而严重受损。2003年，美国在未能获得联合国合法授权的情况下，绕开联合国，和盟国一起发动了伊拉克战争。美国联合盟国绕开联合国发动伊拉克战争的行为对联合国产生了严重的负面影响，严重损害了联合国的权威和声誉。另外，联合国在应对全球性问题中的表现没有达到国际社会的预期，联合国的影响力确实有所下降。联合国重塑其权威的最佳途径就是积极参与全球治理并且在其中发挥重要作用。联合国主导全球治理进程，在应对全球性问题中扮演重要角色，将使其始终处于国际事务治理和多边外交的中心。

联合国已经具备了在全球治理中发挥重要作用甚至主导全球治理的条件。

第一，全球治理的目标与联合国宗旨与目标高度相符。实现人类的和平相处，实现可持续的共同发展，消除极端贫困，遏制传染性疾病的蔓延，保护地球环境，保护人类文明的多样性及人类共同文化遗产。这是全球治理的价值目标，也是联合国的宗旨与目标。《联合国宪章》确认了现代人类社会的共同价值理念。联合国一直将维护世界和平，促进经济发展，维护生态环境的持续发展、全球民众的健康福祉，保护人类文明的多样性作为自身的使命。

第二，联合国是全球治理规制的建立、实施和监督的合适平台。《联合国宪章》规定的主权平等、不干涉内政、和平解决争端、不使用武力、善意履行国际义务等基本原则，为国际社会提供了衡量国家行为的准则。全球治理需要确立相应的国际法律法规、多边国际协议、行动章程等。联合国是推动国际立法的重要平台。在安全、经济、环境、裁军、人权、人道主义和社会等领域重要国际条约，是联合国发起推动、供各国签署执行的，为调节主权国家之间争端，保障民众基本生存、发展权利等方面发挥了重要作用。在全球治理发展进程中，联合国是各参与主体谈判制定行动规则、推动国际立法的可以依赖和值得信任的合适平台。

第三，联合国为全球治理主体合作沟通搭建了平台。全球治理的主体包括主权国家、由主权国家组成的国际组织和非政府组织等。目前联合国是这三类主体交流合作的中心。联合国是最大的政府间国际组织，其会员国均为主权国家，除了主权国家之外，联合国与其他国际组织和非政府组织建立了稳定的合作渠道。目前联合国共有193个会员国，几乎将所有主权国家囊括其中。另外，受邀以观察员身份参与联合国大会的非会员国、实体和组织共有86个[①]，一些重要国际组织和一些具有广泛影响力的国际非政府组织都受邀参与联合国大会和相关工作，并且设有常驻联合国总部办事处。例如，联合国经社理事会与参与联合国事务的非政府组织建立了咨商制度。联合国是非政府组织参与时间最早、参与领域最广、参与程度最深的国际组织，联合国也是与非政府组织合作最密切的国际组织。联合国是全球治理中各类行为主体探讨合作应对全球性问题最成熟的国际平台。

第四，全球治理的对象是联合国长期以来努力解决的目标问题。全球治理的对象是影响人类社会可持续发展的全球性问题，而联合国正在努力解决的正是这些影响人类前途与命运的全球性问题，包括安全问题、经济发展问题、环境问题、卫生健康问题、人道主义危机等。联合国在有些领域发挥着关键作用，有比较成熟、行之有效的应对模式。

---

① 参见联合国文件A/INF/67/5。

第五，全球治理的绩效评估是检验全球治理效果的主要途径，对于全球治理而言有效的事前评估和事后评估都是必不可少的，而在这方面联合国一直比较权威。无论是在哪个领域，联合国的治理行动都是在全面评估形势的基础上做出的谨慎选择，不管是维和行动还是人道主义救援都是这样。在评估形势方面，联合国依仗的是与联合国长期开展合作的一些非政府组织。非政府组织在与联合国合作过程中，提醒联合国及其会员国关注一些严重事态的发展和评估联合国治理行动的效果是非政府组织重要的使命。在形势评估和绩效评估方面非政府组织既有志愿精神也有技术资源。所以，在非政府组织的支持下联合国在国际治理前后的评估一直都具有一定的权威性。

除了与全球治理诸要素高度契合之外，联合国在全球治理中发挥重要作用甚至主导全球治理还具备了其他的优势和条件。联合国是最具代表性、权威性的国际组织。联合国的代表性和权威性是其他国际组织和新兴的国际合作机制无法比拟的。在联合国大会中，每个国家无论大小贫富均有一票表决权。联合国的广泛代表性是其他国际组织所不具备的，八国集团（G8）、二十国集团（G20）、金砖国家（BRICS）在代表性方面与联合国相差甚远。一些重要国际组织和一些极具国际影响力的国际非政府组织都受邀参与联合国大会和相关工作，并且设有常驻联合国总部办事处，例如欧洲联盟、非洲联盟、美洲国家组织、亚洲开发银行等政府间国际组织，国际红十字委员会、国际奥林匹克委员会等国际非政府组织。在权威性方面联合国同样具有明显优势。联合国在道义方面的权威一方面来自其一贯坚持的宗旨，《联合国宪章》开宗明义地以“我们联合国人民”立约定章，联合国维护的是全世界民众利益，并非某个或某些特定会员国利益。这使联合国具有其他国际组织所不具备的公信力和道义权威。联合国的代表性和权威性是其在全球治理中扮演重要角色的重要基础。除此之外，在安全治理、经济治理、环境治理、人道主义治理等方面取得的实际成果为将来联合国在全球治理中扮演更重要的角色奠定了坚实的实践基础。

第三章　联合国的安全治理

维护世界和平是联合国宗旨之一。联合国自成立以来一直是维护世界和平、调解冲突的重要力量。从亚洲到非洲、欧洲、美洲，无论是国家间冲突还是国家内部冲突，联合国为隔离交战双方、监督停火、重建和平、救助难民等做了大量艰苦卓绝的工作，在安全治理方面发挥了重要作用。近年来，国际安全形势不断发展，呈现出一些新的特点，安全问题越来越复杂，解决难度越来越大，国内冲突逐渐取代国际冲突成为安全问题的重点，宗教种族矛盾、恐怖主义问题成为国内冲突的导火索，冲突之后重建和平、维持和平任务繁重，大国和区域性国际组织在安全治理方面作用突出。针对这些新情况，联合国既需要总结以往的成功经验，也需要进行有针对性的改革以进一步提升行为能力。

第一节　联合国安全治理的相关机构

联合国系统内不仅有专门负责安全问题的机构，而且在应对安全问题中不同机构相互合作、协调。联合国系统参与安全治理的主要机构如下。

（一）联合国安全理事会

联合国安全理事会（the Security Council）简称安理会，是联合国六大机构之一，安全理事会的职责是维护国际和平与安全，安理会可在和平受到威胁时随时举行会议。《联合国宪章》第二十四条规定，会员国授权安全理事会代表联合国全体会员国在维护国际和平与安全方面行事，以保证“行动迅速有效”，并应遵照联合国的宗旨及原则。根据《联合国宪章》，安全理事会具有下列职能和权力：依照联合国的宗旨和原则来维护国际和平与安全；调查可能引起国际摩擦的任何争端或局势；对调解这些争端的方法或解决条件提出建议；制定计划以处理对和平的威胁或侵略行为，并对应采取的行动提出建议；促请各会员国实施经济制裁和除使用武力以外的其他措施以防止或制止侵略；对侵略者采取军事行动；就接纳新会员国以及各国加入《国际法院规约》的条件提出建议；在“战略地区”行使联合国的托管职能；就秘书长的任命向大会提出建议，并与大会共同选举国际法院的法官。[①] 联合国所有会员国都同意接受和执行安全理事会的决定。联合国其他机构只能向会员国提出建议，唯有安全理事会才有权做出会员国根据《联合国宪章》必须执行的决定。《联合国宪章》第二十五条规定，联合国所有会员国“同意依宪章之规定接受并履行安全理事会之决议”。

---

① 参见联合国安理会网站：http：//www. un. org/zh/sc/about/functions. shtml。

安全理事会率先断定对和平的威胁或侵略行为是否存在。安理会促请争端各方以和平手段解决争端，并建议调整办法或解决问题的条件。在有些情况下，安全理事会可以实行制裁，甚至授权使用武力，以维护或恢复国际和平与安全。《联合国宪章》第三十九条规定，安全理事会应断定是否存在对任何和平的威胁、对和平的破坏或侵略行为。安全理事会断定对和平造成威胁的各种形势包括涉及具体国家的局势，如国家间冲突或国内冲突或具有区域或次区域影响的内部冲突。此外，安全理事会还将一些潜在或一般威胁确定为对国际和平与安全的威胁，如恐怖主义行为、大规模毁灭性武器的扩散和小武器和轻武器的扩散及非法贩运。安全理事会断定可导致对和平的破坏的情况较少。安全理事会仅在涉及使用武力的情况下断定存在对和平的破坏。在其历史上，仅在极少数情况下，安全理事会曾断定存在一国对另一国的侵略行为。安理会在接到一项威胁和平的投诉时，通常采取的第一个行动是建议当事方尝试以和平手段达成协议。安理会可以：提出达成此种协议的原则；在某些情况下进行调查和调解；派遣访问团；任命特使；或请秘书长进行斡旋，以实现争端的和平解决。当争端导致敌对行动时，安理会首要关注的是尽快制止敌对行动。在这种情况下，安理会可以：发出有助于防止冲突升级的停火指示；派遣军事观察员或维持和平部队，帮助减少紧张程度，隔离敌对部队，并建立可寻求和平解决问题的安宁环境。除此之外，安理会还可选择各种强制执行措施，包括：经济制裁、军火禁运、金融惩罚和限制以及旅行禁令，断绝外交关系，封锁乃至集体军事行动。《联合国宪章》第四十二条授权安全理事会采取必要的海陆空军事行动，以维持或恢复国际和平与安全。安全理事会曾授权使用军事武力逆转或击退一国对另一国的侵略（1950

年朝鲜战争和1990年伊拉克对科威特的侵略)。自1990年以来，安全理事会根据《宪章》第七章使用武力的情况越来越多——具体情形和程度各不相同。它曾数次授权海军封锁，以实施制裁（对伊拉克、南斯拉夫、海地和塞拉利昂)。它曾授权（如在南斯拉夫、索马里、刚果民主共和国、科索沃和东帝汶）联合国维持和平行动以及各区域安排（如西非经共体科特迪瓦特派团简称“西非驻科团”)、欧洲联盟部队驻刚果民主共和国部队（“欧盟驻刚部队”和非洲联盟索马里特派团简称“非索特派团”）使用有限武力。此外，它曾授权（如驻索马里、海地、卢旺达、扎伊尔东部、阿尔巴尼亚、波斯尼亚和黑塞哥维那、东帝汶、刚果民主共和国的布尼亚、利比里亚和伊拉克）多国部队使用“一切必要手段”或“一切必要措施”。

联合国安理会有15个理事国，其中包括5个拥有否决权的常任理事国和10个由大会选举产生、任期两年的非常任理事国，每一理事国有一个投票权。安全理事会的主席一职由安全理事会理事国按照理事国国名英文字母次序轮流担任。每一轮主席的任期为1个月。另外，根据《联合国宪章》第二十九条规定，安全理事会可以设立对其行使职务有必要的辅助机关。安理会的附属机关包括：反恐怖主义和不扩散委员会、军事参谋团、制裁委员会、常设委员会和特设机构、维持和平行动部、国际法庭和附属咨询机构建设和平委员会。附属机构的授权任务各不相同，可以是程序问题（如文件和程序、总部外举行会议)，也可以是实质性问题（如制裁制度、反恐怖主义、维持和平行动)。[1]

联合国安理会反恐怖主义委员会是在美国“9·11”恐怖袭击事

① 参见联合国网站：http：//www. un. org/zh/sc/about/structure. shtml。

件发生后建立的。根据安全理事会第1373（2001）号决议和第1624（2005）号决议，反恐委员会致力于加强联合国会员国预防境内外和各区域的恐怖主义行为的能力。2001年9月28日通过的第1373（2001）号决议，呼吁会员国采取一系列措施，加强会员国打击恐怖主义活动的法律和机构能力，包括采取行动：将资助恐怖主义行为定罪；立即冻结同涉嫌恐怖主义行为的人员有关的任何资金；拒绝为恐怖主义集团提供一切形式的资金支持；禁止为恐怖分子提供庇护、支助或支持；与其他国家政府分享关于实施或策划恐怖主义行为的任何集团的信息；同其他国家政府合作调查、侦查、逮捕、驱逐并起诉参与此类行为的此类集团；以及在国内法中将主动或被动为恐怖主义提供援助的行为定为犯罪，并将违法者绳之以法。该决议还呼吁各国尽快成为相关国际反恐怖主义法律文书的缔约方。第1624（2005）号决议涉及煽动实施恐怖主义行为，呼吁联合国会员国在法律上禁止此类行为，防止此类行为，拒绝为任何“根据可信的相关信息有充分理由认为曾犯下这类行为的人”提供安全避难所。[①] 联合国安理会不扩散委员会又称“1540委员会”，2004年4月28日，联合国安全理事会根据《联合国宪章》第七章，一致通过第1540（2004）号决议，申明核武器、化学武器和生物武器及其运载工具的扩散是对国际和平与安全的威胁。决议要求各国，除其他外，不得以任何形式支持非国家行为者开发、获取、制造、拥有、运输、转移或使用核生化武器及其运载工具。第1540（2004）号决议对所有国家规定了具有约束力的义务，即通过立法，防止核生化武器及其运载工具的扩散，并就防止相关材料的非法贩运建立适当国内管

① 参见联合国网站：http：//www. un. org/zh/sc/ctc/。

制。决议还鼓励增强这方面的国际合作。决议申明支持旨在消除或防止大规模毁灭性武器扩散的各项多边条约，并申明所有国家全面履行条约的重要性；决议重申第1540（2004）号决议中各项义务均不得抵触或改变《核不扩散条约》、《化学武器公约》及《生物和毒素武器公约》缔约国的权利和义务，或者改变国际原子能机构或禁止化学武器组织的责任。2006年4月27日，安全理事会通过了第1673号决议，将“1540委员会”的任期再延长两年。第1673号决议重申第1540（2004）号决议的各项目标，表示安全理事会有意加强其促进全面执行这项决议的努力。2008年4月25日，安全理事会通过了第1810号决议，将“1540委员会”的任务期限延长三年，至2011年4月25日，并继续由专家提供协助。安全理事会在第1810（2008）号决议中，敦促“1540委员会”继续加强其作用，协助提供技术援助，包括积极匹配援助提供方和请求方，从而加强其援助信息交换中心的作用。安全理事会还要求“1540委员会”考虑对于第1540（2004）号决议的执行情况进行全面审查。作为全面审查的一部分，“1540委员会”决定举行一次由联合国会员国和相关国际组织广泛参与的公开会议。公开会议从2009年9月30日到10月2日在联合国总部举行，“1540委员会”在网站上公布会议的最后文件。2011年4月20日，安全理事会通过了第1977号决议，决议重申核武器、化学武器和生物武器及其运载工具的扩散是对国际和平与安全的威胁，并将“1540委员会”的任期再延长十年，直到2021年。安全理事会以此确认，所有国家全面执行第1540（2004）号决议是一项长期任务，需要在国家、区域和国际各级不断做出努力。第1977（2011）号决议还规定进行两次全面审查，一次在五年之后，一次在任务结束之前。此外，第1977（2011）号决议为

"1540委员会"提出的任务是继续加强其作用，协助提供技术援助以促进与相关国际组织的合作。委员会的另一项任务是继续改进其外联工作和继续实行透明措施。2012年6月29日，安理会通过了第2055（2012）号决议，决定继续向"1540委员会"提供专家协助，将专家组的人数增至最多9人。①

联合国安理会军事参谋团帮助规划联合国的军事措施和管制武器装备。制裁委员会是联合国安理会的特设机构。根据《联合国宪章》第七章，安全理事会可以采取强制执行措施，以维护或恢复国际和平与安全。这些措施形式不一，可以是不涉及使用武力的经济和（或）其他制裁，也可以是国际军事行动。实行强制性制裁是为了对某一国家或实体施加压力，在不诉诸武力的情况下迫使该国或该实体遵守安全理事会规定的目标。因此，制裁是安全理事会强制执行其决定的一种重要手段。由于联合国的普遍性质，由它负责制定和监督这些措施是特别适当的。在和平受到威胁、外交努力失败的情况下，安理会实行强制性制裁，作为强制执行规定的工具。制裁的范围包括全面经济和贸易制裁和（或）一些更为具体的定向措施，如军火禁运、旅行禁令以及金融或外交方面的限制等。

联合国安理会常设委员会和特设机构是根据实际需求设立的。常设委员会不限成员名额，一般是为解决某一程序问题而设立，如接纳新成员。设立的特设委员会都有一定期限，旨在解决某一具体问题。联合国安理会常设委员会和特设机构包括：安全理事会专家委员会、安全理事会接纳新会员国委员会、安全理事会在总部以外地点开会问题委员会、安全理事会第692（1991）号决议所设联合

---

① 参见联合国网站：http：//www.un.org/zh/sc/1540/。

国赔偿委员会理事会、安全理事会维持和平行动工作组、安全理事会预防和解决非洲冲突特设工作组、安全理事会第1566（2004）号决议所设工作组、安全理事会第1612（2005）号决议所设儿童与武装冲突问题工作组、安全理事会文件和其他程序问题非正式工作组。

联合国安理会维持和平行动和政治特派团是维护和平的重要组织机构。维持和平行动由军事、警察和文职人员组成，致力于提供安保、政治和早期建设和平支持。维持和平行动具有灵活性，过去20年来曾以多种组合部署维和行动。如今多层面的维持和平行动不仅要维持和平与安全，还要协助开展政治进程；保护平民；协助前战斗人员解除武装、复员和重归社会；支持组织选举；保护和促进人权并协助恢复法治。政治特派团是在冲突周期各个阶段开展工作的联合国维持和平行动序列的一部分。在一些情况下，和平谈判阶段由政治事务部领导的政治特派团在和平协议签署之后，会被维持和平特派团所取代。在另一些情况下，联合国维持和平行动则由监督长期建设和平工作的政治特派团所取代。

联合国安理会根据具体需要特设国际法院和法庭。在南斯拉夫交战期间发生大规模违反人道主义法的事件之后，安全理事会于1993年建立了南斯拉夫问题国际刑事法庭（前南问题国际法庭）。这是联合国设立的第一个战争罪法庭，也是第二次世界大战结束后设立纽伦堡法庭和东京法庭以来成立的第一个战争罪法庭。该法庭负责审判应对谋杀、酷刑、强奸、奴役、毁坏财产和其他暴力罪行等骇人听闻的行为负有最大责任者。该法庭旨在为数以千计的受害者及其家属伸张正义，从而为这一地区的持久和平做出贡献。1994年，安全理事会建立了卢旺达问题国际刑事法庭（卢旺达问题国际法庭），以起诉应对1994年1月1日至12月31日期间在卢旺达境内的灭绝种族和其他严重违反国际人道主义法行为负责者。该法庭还可以起诉这一期间在邻国境内实施灭绝种族和其他这类违反国际法行为的卢旺达公民。1998 年，卢旺达问题法庭宣布了首次由一个国际法庭对灭绝种族罪作出的判决，也是有史以来第一次对该罪行的判刑。

建设和平委员会是安全理事会和大会的一个附属咨询机构。建设和平委员会是支持冲突后国家和平努力的一个政府间咨询机构，也是对国际社会执行广泛和平议程的能力的重要补充。建设和平委员会在以下方面发挥独特的作用：召集所有相关行动体，包括国际捐助方、国际金融机构、各国政府和部队派遣国；筹集资源；就冲突后建设和平和复原综合战略提供咨询并提出有关提案，并适当强调任何可能破坏和平的缺陷。

（二）联合国大会

联合国大会是联合国的主要审议机构，大会依照《联合国宪章》于 1945 年设立，作为联合国具有代表性的主要议事和决策机构，地位举足轻重。大会由联合国全部 193 个会员国组成，是一个讨论《联合国宪章》涵盖的各种国际问题的独特多边论坛。大会在制订标准和编纂国际法方面也发挥着重要作用。联合国大会每年 9 月至 12 月集中举行会议，并在之后视需要开会。联合国大会 193 个会员国每个都享有一票表决权。对有关和平与安全的建议、选举安全理事会成员和经济及社会理事会成员以及预算问题等特定重大议题的表决，要获得会员国 2/3 的多数票，但其他问题则由简单多数来决定。近年来，已经做出特别努力，争取就各种问题达成共识而不是通过正式表决做出决定，加强了对大会决定的支持。大会主席在与各国代表团协商并达成一致后，可提议不经表决通过决议。

《联合国宪章》对联合国大会的职能和权力有明确规定，尽管大会仅有权就其职权范围内的国际问题向各国提出不具约束力的建议，但有权在政治、经济、人道主义、社会和法律领域采取行动。根据《联合国宪章》，联合国大会拥有以下职权：审议开展合作以维持国际和平与安全、包括裁军的一般原则并就此提出建议；讨论有关国际和平与安全的任何问题，并就其提出建议，但安全理事会正在讨论的争端或局势不在此列；除上述例外情况外，讨论《宪章》范畴内或影响联合国任何机关之权力和职能的任何问题并就其提出建议；开展研究并提出建议，以促进开展国际政治合作，拟订和编纂国际法，实现人权和基本自由，以及在经济、社会、人道主义、文化、教育和卫生领域开展国际协作；为和平解决可能损害国家间友好关系的局势提出建议；收取并审议安全理事会和联合国其他机关的报告；审议和核准联合国预算并确定会员国的分摊会费；选举安全理事会非常任理事国和联合国其他理事会及机关的成员，并根据安全理事会的推荐任命秘书长。

联合国大会按照议事规则选举每届会议的主席，大会设立了管理委员会、专门委员会、委员会、理事会和团队、工作组。

联合国的管理委员会共有 6 个，每个会员国可派遣代表 1 人加入各主要委员会和大会所设立的、全体会员国都有权派遣代表参加的任何其他委员会。会员国也可委派顾问、技术顾问、专家或同等地位人员加入这些委员会。第一委员会是裁军与国际安全委员会，负责处理裁军和有关的国际安全问题；第二委员会是经济和金融委员会，负责处理经济问题；第三委员会是社会、人道主义和文化委员会，负责处理社会和人道主义问题；第四委员会是特别政治问题和非殖民化委员会，负责处理第一委员会不处理的各种政治问题以及非殖民化问题；第五委员会是行政和预算委员会，负责处理联合国的行政工作和预算；第六委员会是法律委员，会负责处理国际法律事务。第一委员会处理裁军、威胁和平的国际挑战等国际安全事务，并应对国际安全制度中的挑战。第一委员会在《联合国宪章》以及联合国相关机构的授权范围内处理裁军和国际安全事务，遵循维护国际和平与安全的合作原则、管理裁军问题和军备管制的原则，并提倡通过减少军备促进和平稳定的合作方式。第一委员会与联合国裁军委员会、日内瓦裁军谈判会议密切合作，是联合国大会唯一一个有权获得逐字记录报道的主要委员会。

联合国大会的专门委员会包括裁军审议委员会、国际公务员制度委员会、国际法委员会、联合国国际贸易法委员会、联合国巴勒斯坦和解委员会、联合国建设和平委员会（根据大会第 60/180 号决议和安全理事会第 1645 号、第 1646 号决议成立）和联合国近东巴勒斯坦难民救济和工程处咨询委员会。

在安全治理方面，联合国大会扮演着重要的角色。依照 1950 年 11 月 3 日大会“联合一致共策和平”的决议（第 377 （V） 号决议），在和平似乎受到威胁、破坏或出现侵略行为时，若安全理事会因一常任理事国投反对票而未能采取行动，大会也可采取行动。大会可立即审议有关事项，以便建议会员国集体采取措施，维护或恢复国际和平与安全。①

① 参见联合国网站：http：//www. un. org/zh/ga/about/background. shtml。

（三）维持和平行动部

联合国维持和平行动部简称“维和部”，是致力于协助会员国和秘书长维护国际和平与安全的机构。维和部向世界各地的联合国维和行动提供政治和行政领导，在执行安全理事会任务规定的过程中与安全理事会、出兵国和出资国及冲突各方保持接触。维和部积极统筹联合国、政府和非政府实体在维和行动中所做的工作。该部还就军事、警务、地雷行动和其他问题向联合国其他政治和建设和平特派团提供指导和支持。

维和部的历史可以追溯到1948年首批联合国维和行动——联合国停战监督组织和联合国驻印度和巴基斯坦军事观察组（印巴观察组）创建之时。直到20世纪80年代晚期，维和行动一直是通过特别政治事务厅运作的。维和部是在1992年布特罗斯·布特罗斯—加利就任秘书长后正式组建的。

维和部下属的四个主要部门：行动厅、法治和安全机构厅、军事厅以及政策、评价和培训司。行动厅的主要作用是，向各特派团提供政治和战略政策的业务指导和支持。法治和安全机构厅是2007年设立的，目的是加强联系，协调维和部警察、司法和惩戒、地雷行动，前战斗员的解除武装、复员和重返社会及安全部门改革等领域的活动。军事厅的任务是为支持联合国的目标部署选派最适中的军事力量；提高联合国各维和特派团军事部门的成效。政策、评价和培训司负责为维和行动提供综合支持，制定和传播政策和思想；设计、协调和提供标准化培训；评价任务规定的执行进度；制定关于与联合国内部和外部伙伴开展战略合作的政策和业务框架。

第二节　联合国安全治理的主要内容

联合国自成立之初就将维护国际和平与安全确立为主要目的之一。联合国将应对国际社会的暴力冲突视为其重要责任，为此开展安全治理即维护国际和平与安全。联合国为维护国际和平与安全所开展的系列行动包括：维持和平（peacekeeping）、预防冲突和调解（conflict prevention and mediation）、促成和平（peacemaking）、执行和平（peace enforcement）与建设和平（peacebuilding）。这一系列行动是相辅相成的，很难依靠其中的一项或某几项行动应对复杂的安全问题。

预防冲突旨在采取外交措施防止国内或国际之间的紧张态势和争端升级为暴力冲突。预防冲突包括预警、信息收集和对导致冲突的因素进行仔细分析。预防冲突活动可能包括利用秘书长的“斡旋”、联合国特派团的预防性部署或由政治事务部主导的冲突调解。

促成和平一般包括旨在解决正在发生的冲突的措施，通常包含促使敌对方之间达成谈判协定的外交行动。联合国秘书长可通过“斡旋”促进冲突的解决，参与调停的还可以是特使、政府、国家集团、区域组织或联合国，非正式和非政府组织、国际知名人士也可为促成和平单独开展行动。

执行和平包括采取一系列胁迫性措施，如使用武力。它需要安全理事会的明确授权。执行和平的作用是在安全理事会面对和平受到威胁、和平遭到破坏或侵略行为决定采取行动的局势中恢复国际和平与安全。安理会可在适当时，遵照《联合国宪章》，利用各区域组织和机构执行其职权范围内的行动。

建设和平旨在通过加强国家各级的冲突管理能力，减少陷入或再度陷入冲突的风险，以及奠定持久和平与发展的基础。建立持久和平的必要条件是一个复杂、长期的过程。建设和平措施触及影响社会和国家运转的核心问题，力图加强国家有效和合法地发挥其核心功能的能力。

在联合国维护国际和平与安全的系列活动中，预防冲突、促成和平、维持和平、建设和平与执行和平之间的界限日益模糊，这些活动必须交叉或同时开展才能做到行之有效，但是维持和平是应对安全问题最有效的行动。尽管从原则上来说，联合国维持和平行动旨在促进执行停火或和平协定，但它们通常还需发挥积极促成和平的作用，可能还要参与尽早开展建设和平的活动。目前多层次维持和平行动有利于推进政治进程、保护平民，帮助前战斗人员解除武装、复员和重返社会；支持组织选举，保护和促进人权以及协助恢复法治。联合国维持和平行动可使用武力维护自身和平民的安全，特别是在国家无力提供安全保障和维持公共秩序的局势中。

（一）联合国维持和平行动的基本原则

联合国维持和平行动的三项基本原则使其成为一个与众不同的维持国际和平与安全的手段。这三项原则彼此关联，相互加强：各方同意，公正，除非出于自卫和履行职责不得使用武力。①

各方同意

联合国维持和平行动需经主要冲突当事方同意才可部署。这需要各方承诺达成一项政治进程。它们接受维持和平行动就为联合国开展授权任务提供了必要的行动自由，不论是政治方面还是实际行动方面。若未获得此类同意，联合国维持和平行动部队就有可能成为冲突一方，从而偏离了其维持和平的基本目标。主要当事方同意部署联合国维持和平行动未必表示或保证地方一级也同意，特别是在主要当事方内部出现分裂或指挥控制系统薄弱的情况下。在动荡不安的环境中——通常都存在不受任何当事方控制的武装团体，或者存在其他破坏者——更难达成普遍同意。

公正

公正对于维持主要当事方的同意与合作至关重要，但不应与中立或不作为相混淆。联合国维持和平人员在对待冲突各方时应保持公正，但在执行任务时不应中立。正如优秀裁判既要保持公正又要惩处犯规行为一样，维持和平行动亦不应宽恕任何一方妨碍和平进程努力或违反联合国维持和平行动秉承的国际规范和原则的行为。尽管需要建立并维持与各方的良好关系，维持和平行动仍必须审慎地避免开展可能有损其公正形象的活动。特派团不得因害怕曲解或报复而逃避严格执行公正原则。不这样做可能会削弱维持和平行动的公信力和合法性，还可能导致一方或多方拒绝其继续存在。

除非出于自卫和履行职责不得使用武力

① 参见联合国网站：http：//www. un. org/zh/peacekeeping/operations/principles. shtml。

联合国维持和平行动可在获得安全理事会授权的情况下，出于自卫和履行职责之目的在战术层面使用武力。在某些动荡局势中，安全理事会给予联合国维持和平行动“强有力的”授权，授权它们“使用一切必要手段”，威慑武力破坏政治进程的企图、保护受威胁的平民、协助国家当局维护法律与秩序。强有力的维和行动与《联合国宪章》第七章规定的执行和平不能互相混淆，尽管它们有时看似相同。强有力的维和包括在获得安全理事会授权以及所在国、冲突的主要当事方同意的情况下，在战术层面使用武力。与之相对，执行和平无需获得主要当事方的同意，且可能包括在战略或国际层面使用军事力量——根据《联合国宪章》第二条（丁）款，非经安全理事会授权，通常禁止会员国这样做。

联合国维持和平行动除非万不得已，不得使用武力。使用时，须以精准、相称和适当的方式为之，且遵守使用所需的最小武力达到预期效果之原则，并维持对特派团及其任务的认可。联合国维持和平使用武力总会产生政治后果，通常还会导致难以预料的后果。需在特派团内部的适当级别，综合考虑一系列因素后，对武力的使用做出裁决。这些因素包括特派团的能力，公众认识，人道主义影响，人员的安全与安保。最重要的是，此类行动将对国家及地方对特派团的赞同态度产生何种影响。

（二）联合国部署维持和平行动的程序

联合国安全理事会决定部署新的联合国维持和平行动，需要经过一系列程序。

首先是初期磋商。随着冲突的升级、恶化或临近解决，联合国需要频繁进行磋商，以寻求国际社会的最佳对策。这些磋商涉及多方力量，包括：所有相关的联合国行动方、潜在东道国政府及其地方政府、会员国包括可能向维持和平行动派出军队或警察的国家和区域以及其他政府间组织、联合国系统外部其他相关的重要合作伙伴。在这一初始阶段，联合国秘书长可能要求开展战略评估，以确定所有可能的方案。

其次是实地技术评估。一旦安全条件允许，秘书处通常会向打算在其中部署联合国维持和平行动的国家或地区派出一个技术评估特派团。它的任务是分析和评估当地安全、政治、军事、人道主义和人权的总体情况，以及预期行动的影响。联合国秘书长将根据评估特派团的调查结果和建议，向安全理事会提交报告，提出开展适当的维持和平行动的备选方案（包括其规模和资源），还包含所涉经费问题和初始估算费用表。

然后是安全理事会通过决议授权。如安全理事会认为部署联合国维持和平行动是最佳选择，则将通过一项决议，正式授权开展行动。决议将规定行动的任务和规模并详细说明其负责执行的任务。维和行动的预算需要随后提交联合国大会核准。

再次是高级官员的任命。联合国秘书长通常会任命一名特派团团长（通常是一名特别代表）指挥维持和平行动。特派团团长向联合国总部主管维持和平行动的副秘书长报告工作。秘书长还负责任命一名维持和平行动部队指挥官和警察专员，以及高级文职人员。维持和平行动部（维和部）和外勤支助部（外勤部）负责维持和平行动文职部门的人员配备。

然后是规划与部署。特派团团长和维和部、外勤部还负责领导维持和平行动政治、军事、行动及支助（亦即后勤和行政）方面的规划工作。规划阶段通常包括成立一个设在总部的联合工作组或综合特派团工作队——所有相关联合国部门人员都会参与。

最后是部署。在考虑实地安全和政治状况的前提下，特派团迅速展开行动部署工作。通常会先派出一支先遣队，负责建立特派团总部和领导开展前期筹备工作。根据任务需要，逐步将所有部门纳入。联合国自身没有常备军队或警察部队，因此，会根据每次行动的具体需求请会员国派出军事和警察人员。维持和平人员身着其国家制服，仅凭联合国蓝色头盔或贝雷帽徽章显示自己的联合国维和人员身份。维持和平行动文职人员为国际公务员，由联合国秘书处负责招聘及调配。

在维和行动过程中，联合国秘书长向安全理事会报告行动的进展。秘书长随后向安全理事会提交定期报告，说明特派团任务的执行情况。安全理事会负责审议这些报告和简报，根据需要修订和调整特派团任务，直至任务完成或任务终止。①

（三）联合国维持和平行动的经费筹措与人员

为联合国维持和平行动筹集资金是联合国全体会员国的集体责任，各会员国应遵循《联合国宪章》第十七条之规定，按照分摊比例向维持和平行动捐款。联合国大会根据具体的经费分摊比额表（由会员国设计的公式得出）分摊维持和平费用。该公式主要考虑各会员国的经济财富状况，五个安全理事会常任理事国需缴纳更大份

① 参见联合国网站：http：//www. un. org/zh/peacekeeping/operations/newoperation. shtml。

额，因为它们对维持国际和平与安全负有特殊责任。联合国大会在2000年12月23日通过的第A/RES/55/235号决议中重申了为维持和平行动筹集资金的这些基本原则及其他一般原则。

2013年至2015年排名在前10名的联合国维持和平行动摊款捐助国为：美国（28.38%）、日本（10.83%）、法国（7.22%）、德国（7.14%）、大不列颠及北爱尔兰联合王国（6.68%）、中国（6.64%）、意大利（4.45%）、俄罗斯联邦（3.15%）、加拿大（2.98%）、西班牙（2.97%）。[①] 许多国家还在自身摊款之外，自愿且无偿地提供交通运输、供给品、人员和财政捐款等形式的额外资源，支持联合国维持和平行动。

每项维持和平行动都有专门预算和账户，包括业务费用（如交通和后勤）和人员费用（如工资）。维持和平行动预算依据的是安全理事会确定的特派团任务。联合国秘书长向行政和预算问题咨询委员会提交预算草案，后者审议草案，向联合国大会第五委员会提出建议，供其审议并核准。最终，预算交由联合国大会核准。各维持和平行动在财政周期结束时，编写并提交执行情况报告，说明资源的实际使用情况。该报告也需经大会审议和核准。

维持和平行动预算周期为当年7月1日至次年6月30日，例如2014年7月1日至2015年6月30日财政年度联合国维持和平行动的核定预算约为70.6亿美元。[②] 参加维持和平行动包括军事人员、警察和文职人员。各维和行动的预算包括参与人员的薪水。联合国自身没有军队，会员国根据每次维持和平行动的需要，自愿派出军

---

① 数据源自联合国文件A/67/224/Add.1。

② 数据源自联合国文件A/C.5/69/17。

事人员和警察。维持和平军事人员所属国政府根据他们在国内的军级和薪金级别向其发放工资。联合国按照统一标准（略高于1028美元/人/月，由大会核准）对自愿向维持和平行动派出军警的国家进行补偿。

参加联合国维持和平行动的人员包括三类：军事人员、警察和文职人员。在执行任务过程中他们都头戴蓝色头盔，被称为“蓝盔部队”。自1948年以来，联合国维和行动共计48个，目前正在进行的维和行动有16个。[①] 截止2015年7月31日，参加联合国维和行动的军事人员和警察共计106286人，其中维和警察13334人，军事观察员1801人，维和部队士兵91151人。[②] 联合国维和行动的军事人员和警察来自124个国家，派遣军事人员和警察最多的三个国家是：孟加拉国9398人，埃塞俄比亚8309人，印度7960人。联合国安理会5个常任理事国中：中国共派遣3078人，在124个国家中排名第8位；法国906人，排名第32位；英国287人，排名第52位；美国78人，排名76位；俄罗斯76人，排名77位。[③]

（四）联合国主要机构在维持和平行动中的作用

安全理事会的主要职责是遵照《联合国宪章》维持国际和平与安全。安全理事会有权决定何时、在何地部署联合国维持和平行动。

---

① 数据源自联合国网站：http：//www. un. org/zh/peacekeeping/resources/statistics/factsheet. shtml。

② 数据源自联合国网站：http：//www. un. org/en/peacekeeping/contributors/2015/jul15_ 1. pdf。

③ 数据源自联合国网站：http：//www. un. org/en/peacekeeping/contributors/2015/jul15_ 2. pdf。

安全理事会率先判断对和平的威胁或侵略行为是否存在。安理会促请争端各方以和平手段解决争端，并建议调整方法或解决问题的条件。依据《联合国宪章》第七章的规定，安理会可以采取强制执行措施以维护或恢复国际和平与安全。安理会可以采取经济制裁、国际军事行动等多种措施。安全理事会按照具体情况具体分析的原则，处理世界各地的危机，它有一系列方案可供选择。在考虑开展新的维持和平行动时，安理会综合考虑各种因素，包括：第一，是否已达成停火，各方是否承诺实施和平进程，以便实现政治解决；第二，是否定有明确的政治目标，是否可在任务中反映出来；第三，是否能够为联合国行动制定明确的任务；第四，是否能够合理保障联合国人员的安全，特别是是否可获得主要当事方或派别对于联合国人员安全的合理保障。如果条件成熟且有必要，安全理事会通过一项决议来确定维持和平行动，并规定维和特派团的任务和规模。安全理事会不间断地监督联合国维持和平行动的工作，包括通过秘书长提交的定期报告和召开专门的安全理事会会议讨论具体行动的工作情况。安全理事会可在其认为适当时，投票决定是否延长、修改或终止特派团任务。

联合国大会在维持和平行动中也发挥着重要作用。尽管联合国大会通常不能直接参与做出实施或终止联合国维持和平行动的政治决定，但它确实在为维持和平筹措经费方面发挥着关键作用。由于全体联合国会员国共担维持和平的费用，大会在兼顾各会员国相对经济实力的情况下，根据一个特殊的分摊比额表分配这些费用，但安全理事会常任理事国需支付较大份额，因为他们对维持国际和平与安全负有特殊责任。联合国大会通过第五委员会（行政和预算委员会）批准和监督维持和平预算。这包括如何根据联合国秘书长的详细呈文，向具体的实地行动提供资金和装备。

另外，联合国大会通过维持和平行动特别委员会监督联合国维和行动的进展情况。该委员会成立于1965年，旨在全面审查与维持和平有关的所有问题。委员会通过大会第四委员会（特别政治和非殖民化委员会）向大会报告其工作情况。

尽管《联合国宪章》的规定限制了大会在和平与安全事务方面的权力，但在个别情况下，大会仍可采取行动。依据大会1950年11月的决议“联合一致共策和平”［第377（V）号决议］，若因某常任理事国投反对票致安全理事会未能采取行动，则大会可采取行动。和平受到威胁、遭到破坏或发生侵略行为时通常会发生这种情况。大会可审议相关事项，以便建议会员国采取集体办法来维持或恢复国际和平与安全。在联合国维持和平历史上，该决议仅被援引过一次，即1956年联合国大会在中东设立第一支联合国紧急部队时运用该决议采取行动。

目前，国内冲突已经取代国际冲突成为安全问题的热点。应对原因各异、背景复杂的国内冲突成为联合国安全治理的重要任务。通过维持和平行动进行的传统安全治理模式亟待变革。

第三节　联合国的安全治理——以叙利亚危机为例

2011年以来，叙利亚危机不断发酵成为世界关注的焦点，在2013年叙利亚局势恶化后，联合国安理会等相关机构和阿拉伯国家共同努力寻求化解危机的政治途径。在应对叙利亚危机过程中，联合国的作用和缺陷都显而易见。

（一）叙利亚危机的发展和联合国的行动

2011 年 3 月中旬，叙利亚的反政府抗议由该国南部城市德拉 15 名年幼的学生在公共场所涂写反政府标语遭到逮捕而引发，抗议在地理范围和参与人数上逐渐扩大，并波及全国。作为回应，叙利亚总统巴沙尔·阿萨德出台了一系列改革措施，并且在 2011 年 4 月 21 日取消了自 1963 年开始实施的紧急状态。抗议民众刚开始时要求更大的自由以及政治经济改革，后来上升到要求现政权下台，并不满足于政府公布的改革措施。事实上，紧急状态取消的第二天，即 4 月 22 日出现了最大规模的抗议。政府的镇压行动也从当天开始升级，并已造成超过 1 万人死亡，数万人流离失所。

叙利亚危机是各种因素相互作用的结果，其中包括国家不能回应人民合理的政治、经济和社会要求以及叙利亚所处复杂国际环境的影响。一开始，示威是和平的，但叙利亚政府的回应方式导致了武装冲突，这场危机日益暴力化和军事化。在国家开展暴力镇压异议行动之后，出现了脱离政府和组建反政府武装团体的情形。与此同时，叙利亚总统宣布采取一系列行动，以实施政治和治理改革方案。2012 年 2 月 26 日，叙利亚举行了核准新国家宪法的全民投票，随后于 5 月 7 日举行了议会选举，6 月 23 日任命了新政府。这些举措是在全国各地持续发生暴力事件的情形下实施的，未能满足反对派的要求。①

叙利亚国内和流亡海外的人士组成了政治反对派。由各种不同成员组成的叙利亚全国委员会获得多方承认。然而，叙利亚国内和国外还存在不容忽视的其他反对派团体。许多反政府武装团体由叛逃军人和越来越多的武装平民组成，他们自称“自由叙利亚军”，其领导人在国外，他们相对独立地在当地开展活动。其中多数最初采取防守态势，但后来转向对政府部队和设施以及其他重要国家基础设施采取进攻行动，其中一些事件有第三方卷入，因此，形势变得更加复杂，有更多人员伤亡。

由于暴力行动增加，根据联合国大会第 66/253 号决议中提出的要求，秘书长潘基文和阿盟秘书长于 2012 年 2 月 23 日共同任命前联合国秘书长科菲·安南为联合国和阿盟叙利亚危机联合特使。3 月 10 日，安南向叙利亚总统提出 6 点建议，要求各方承诺开展政治进程和停止一切形式的武装暴力行动，要求政府立即停止在居民中心使用重武器，并开始撤出在居民中心和周围地区集结的军队。该建议还要求叙利亚政府采取其他措施缓和危机，包括允许国际社会进行人道主义援助，允许探访并释放被羁押人士，给予记者准入和行动自由，保障结社自由以及和平示威权利。3 月 25 日，叙利亚政府承诺实施“6 点建议”，3 月 27 日，联合特使安南确认了其承诺。联合特使还要求反对派做出类似承诺。虽然在 3 月底和 4 月初发生了激烈的暴力行动，但在一年多的时间里，各方首次宣布停止暴力，停止暴力的措施于 4 月 12 日在全国各地生效。

联合国安理会在 2012 年 4 月 19 日一致通过第 2043 号决议，决

① 参见联合国网站：http：//www. un. org/zh/focus/northafrica/syria. shtml。

议呼吁叙利亚所有各方，包括反对派，立即停止一切形式的武装暴力；决议决定设立联合国叙利亚监督团。监督团初期部署 300 名非武装军事观察员和文职人员，最初任期为 90 天。根据联合国秘书长潘基文对当地事态包括停止暴力情况的评估，监督团将从速部署。按照该决议，监督团的任务是监测叙利亚所有各方停止一切形式武装暴力行动，并支持充分执行叙利亚危机联合特使安南的“6 点建议”，要求叙利亚政府和联合国秘书长毫不拖延地缔结一份《特派团地位协定》。6 月 15 日，由于叙利亚全国各地武装暴力的加剧，联合国叙利亚监督团暂停其活动。此后，由于安理会所设定的条件没有得到实现，联合国叙利亚监督团的任务于 8 月 19 日结束。2012 年 9 月 1 日，来自阿尔及利亚的拉赫达尔·卜拉希米接替安南，成为联合国与阿盟叙利亚问题联合特别代表。

2012 年 6 月 30 日，安理会 5 个常任理事国及叙利亚的一些邻国在日内瓦达成协议并发表了《日内瓦公报》，建议在叙利亚建立一个包括各方在内的过渡政府，在全民对话的基础上修订叙利亚宪法。《日内瓦公报》还建议在叙利亚举行多党派选举，并成立新的国家机关。然而《日内瓦公报》并没有落实。

2013 年 3 月中旬，叙利亚政府和反对派武装相互指责对方在阿萨尔地区使用了化学武器。叙利亚政府随即提出请求，希望联合国对相关事实开展调查。潘基文秘书长随后宣布成立调查组，并任命曾经为联合国核查伊拉克生化武器特别委员会工作的瑞典科学家塞尔斯特罗姆担任调查组负责人。8 月 19 日，调查组抵达大马士革。21 日，反对派武装声称叙利亚政府军使用含有沙林毒气的火箭弹对大马士革郊区姑塔东区进行袭击，造成数百人死亡。调查组随即进行了调查。9 月 15 日联合国叙利亚化学武器调查小组向潘基文秘书长正式呈交了有关8月21日发生在叙利亚首都大马士革郊区姑塔镇的化学武器事件的调查报告。根据调查所取得的证据，联合国调查小组的结论为，在2013年8月21日叙利亚境内发生的各派冲突中较大规模地使用了化学武器。报告表示，有确凿证据显示，叙利亚冲突方发生的火箭攻击使用了沙林毒气。调查小组收集的环境、化学和医学样本尤其提供了清晰且具有说服力的证据，表明投放在大马士革姑塔区的地对地火箭弹含有神经性毒剂沙林。① 该报告确定发生了使用化学武器的事件，但没有对是谁使用了化学武器做出定论。

叙利亚问题独立国际调查委员会②在9月16日发布的有关叙利亚人权状况的最新报告中指出，无论是政府军还是反政府武装都没有遵守交战规则，避免对平民地区和平民设施，如医院进行攻击，也没有根据国际法对儿童加以保护。报告表示，儿童在平民伤亡中占很大的比例，他们被任意逮捕并遭受酷刑，他们同成年人关在一起。政府应采取步骤，释放儿童或将他们转移到为未成年人安排的设施中，使他们受到公平的审判并享受儿童的权益。

在联合国调查小组调查报告公布后，叙利亚于2013年9月20

---

① Report on the Alleged Use of Chemical Weapons in the Ghouta Area of Damascus on 21 August 2013, United Nations Mission to Investigate Allegations of the Use of Chemical Weapons in the Syrian Arab Republic, pp. 27 – 29, p. 5. http: //www. un. org/zh/focus/northafrica/cwinvestigation. pdf.

② 叙利亚问题独立国际调查委员会是根据人权理事会第十七届特别会议通过的第S–17/1号决议号于2011年8月22日设立的，其任务是调查2011年3月以来阿拉伯叙利亚共和国内所有涉嫌侵犯国际人权法的行为。委员会的任务还包括确认形同此类侵权及犯罪的事实和情况，并在可能时查明负有责任者，以确保追究违反者（包括可能构成危害人类罪的侵犯者）的责任。

日将化学武器库清单交给了禁止化学武器组织。[①] 2013 年 9 月 27 日，安理会 15 个成员以一致赞成的结果通过了授权对叙利亚存在的化学武器进行核查和销毁的决议草案。这是自叙利亚冲突爆发以来，安理会所通过的第一份有关叙利亚问题的决议草案。决议强调叙利亚的任何一方都不得使用、开发、生产、获取、储存、保留或转让化学武器；叙利亚应充分与禁化武组织和联合国合作，包括遵守相关建议，接受禁化武组织或联合国指定的人员，保障并确保这些人员开展的活动的安全，让这些人员随时不受阻碍地进出任何和所有地点并让他们在履行职责时拥有视察这些地点的权利，允许随时不受阻碍地接触禁化武组织有理由认为对它完成任务至关重要的人，并决定叙利亚所有各方都应为此充分予以合作；决议决定授权一个由联合国人员组成的先遣队为禁化武组织在叙利亚的活动提供初期援助；决议敦促叙利亚所有各方和拥有相关能力的有关会员国密切合作，并与禁化武组织和联合国合作，做出安排以保障监测和销毁特派团的安全，同时确认叙利亚政府在这方面负有首要责任；决议深信应追究那些要对叙利亚境内使用化学武器行为负责的人的责任。

2013 年 9 月 27 日，禁止化学武器组织执行理事会做出决定，制定了迅速消除叙利亚的化学武器计划并就此进行严格核查的特别程序。安理会在当天通过的决议中对此表示欢迎，并决心按禁止化学武器组织执行理事会提出的时间表，销毁叙利亚的化学武器。禁止化学武器组织在 9 月 27 日的有关销毁叙利亚化学武器的决定，规定叙利亚需在 7 天内就拥有或持有或在其管辖下的化学武器提供补充

---

① 叙利亚在 2013 年 9 月 14 日同意加入国际禁止化学武器公约（Chemical Weapons Convention）。

材料，于2014年上半年完成对所有化学武器物料和设备的销毁；尽快且无论如何不晚于2013年11月1日，完成化学武器生产和混合、装填设备的销毁；决定规定禁止化学武器组织尽快并最迟于2013年10月1日根据本决定启动在叙利亚境内的视察；至迟于本决定通过后30天内，对清单所列的所有设施进行视察。禁止化学武器组织执行理事会2013年11月通过了旨在于2014年6月30日前全面销毁叙利亚化学武器的详细方案。但化武原料运出叙利亚的工作有所延迟，直到2014年1月初才真正开始。由于没有国家愿意接收这批化武中最致命的部分原材料，美国出动军舰在地中海的公海水域予以销毁。包括叙利亚在内的多个国家参加销毁化武的联合行动，其中丹麦和挪威的货船负责运输，美国的船只负责在海上销毁，而中国和俄罗斯派出军舰护航。2014年8月18日，美国总统奥巴马宣布，叙利亚交给国际社会的化学武器已经全部被销毁。在叙利亚化学武器销毁过程中，联合国安理会与禁止使用化学武器组织发挥了至关重要的作用。

叙利亚局势恶化以来，联合国系统各机构积极行动为促成叙利亚问题的政治解决和援助叙利亚难民而努力。但由于成员国的态度分歧，特别是美、俄等大国之间的分歧，在解决叙利亚问题上联合国的作用相对有限。叙利亚局势恶化以来，联合国安理会对叙利亚局势进行了多次磋商，美等国家的提议三次被否决。

2011年10月4日，安理会就中东局势问题举行第6627次会议，并就由法国、德国、葡萄牙和英国共同起草提交的一份有关谴责叙利亚的决议草案进行表决。由于安理会常任理事国中国和俄罗斯的反对，巴西、印度、黎巴嫩、南非弃权，决议最终未能通过。2012年2月4日安理会举行第6711次会议，对由摩洛哥等多个阿拉伯国家以及美国、英国、法国、德国等共同提出的一份有关叙利亚问题的决议草案进行表决。草案要求叙利亚各方停止暴力和报复行为，要求叙利亚政府遵照阿拉伯联盟早些时候提出的行动计划，释放被拘禁者，从城市撤出所有军队，保障和平示威自由，允许阿盟观察团不受阻碍地在该国开展工作，并要求叙利亚政府和反对派在阿盟主持下、按照阿盟提出的时间表进行对话，开启政治过渡进程。虽然有 13 个国家投票赞成，但由于常任理事国中国和俄罗斯行使否决权，决议未能获得通过。2012 年 7 月 19 日安理会举行第 6810 次会议，对英国、美国、法国、德国和葡萄牙共同提交的一份有关叙利亚的决议草案进行了表决。这份决议草案要求叙利亚政府在规定期限内停止使用重型武器，否则将面临制裁，并将落实联合国与阿盟特使安南提出的“6 点建议”。《联合国宪章》第七章规定，安理会可以在其决议未能得到当事方执行的时候，采取制裁或军事打击等手段。巴基斯坦、南非弃权，中国和俄罗斯否决，决议最终未获通过。

2015 年 6 月 5 日，安理会在听取联合国人道事务协调厅行动部门负责人约翰·金有关叙利亚城市阿勒陂暴力升级情况的汇报后发表媒体声明，对叙利亚暴力持续居高不下表示严重关切。声明对所有针对平民以及针对包括医疗设施在内的平民设施的暴力行为予以强烈谴责。声明对所有针对平民以及使用包括炮轰和空中轰炸等形式的不加区分的袭击表示愤慨。声明强调，所有武装派别应负起主要责任，采取一切可行步骤，确保对平民进行保护。声明指出，持久解决叙利亚危机的唯一办法是通过具有包容性的、由叙利亚人领导的政治进程，充分落实 2012 年 6 月 30 日达成的《日内瓦公报》。声明重申，所有各派在任何情况下都必须遵守国际人道主义法所应尽的义务，特别是有义务对平民和战斗人员加以区别，禁止不加区分的袭击以及针对平民和平民目标的袭击。声明还对“伊斯兰国”和努斯拉阵线等个人和组织实施的恐怖袭击造成众多人员伤亡以及破坏的行为予以强烈谴责，呼吁所有各派致力于结束这些组织和个人所进行的恐怖行径。声明提醒各国应确保所采取的反恐措施符合国际法，特别是国际人权法、难民法和人道主义法中所规定的义务。①

为调解叙利亚危机，促使各方停止暴力，联合国秘书长与阿盟任命了联合特使，但是均未达到预期目标。在安南辞职之后，接任安南的联合国—阿拉伯国家联盟叙利亚危机联合特别代表拉赫达尔·卜拉希米亦于2014年5月底辞职。2014年7月10日，联合国秘书长潘基文任命意大利前副外长斯塔凡·德米斯图拉为联合国秘书长叙利亚问题特使，接替卜拉希米的工作。潘基文同时宣布，经过与阿盟秘书长阿拉比协商，他决定任命埃及人拉姆齐·伊兹丁·拉姆齐为联合国秘书长叙利亚问题副特使。潘基文表示和新任叙利亚问题特使将“不遗余力”帮助化解叙利亚危机。他同时强调，叙利亚各方和国际社会的全力支持对于他们完成使命“必不可少”。与安南和卜拉希米不同的是，德米斯图拉是联合国的叙利亚问题特使，只需要对联合国秘书长负责，而不是同时对阿盟负责。

叙利亚内战2011年初爆发后，在联合国第一任叙利亚问题特使、前秘书长安南的召集下，包括来自美国、俄罗斯、中国、英国的代表于2012年6月在日内瓦举行了首次叙利亚问题日内瓦会议，并通过了日内瓦公报，旨在建立一个具有全面执行力，包括叙利亚

① 参见联合国网站：http：//www. un. org/chinese/News/story. asp？NewsID＝24166。

政府和反对派成员在内的过渡政府。2014 年 1 月，在第二任叙利亚问题特使卜拉希米的召集下，叙利亚政府与反对派参加了第二次叙利亚问题日内瓦会议。2015 年 6 月 15 日，应叙利亚政府之邀，秘书长叙利亚问题特使斯塔凡·德米斯图拉对叙利亚进行访问。德米斯图拉与叙利亚政府高级官员举行会晤，以听取他们对日内瓦磋商的看法。德米斯图拉强调，任何叙利亚冲突解决方案都不能以武力的方式强加于人，该国迫切需要一个由叙利亚人主导的、具有包容性的政治解决方案。2015 年叙利亚局势并没有缓解，甚至一度有恶化的倾向。自 2015 年 5 月以来，德米斯图拉和副特使拉姆齐与叙利亚政府、反对派联盟以及 39 个叙利亚政治和民间社会组织代表举行了会谈，并与安理会相关成员国和地区代表举行了 26 次会议。①

在应对叙利亚危机过程中，联合国大会也积极行动。叙利亚危机之后，联合国大会通过关于叙利亚问题的决议，对叙利亚政府镇压反对派的行动表示谴责，要求立即停止一切暴力行动；释放被拘禁的人士；从叙利亚城镇撤出所有政府军；保障和平示威的自由；确保阿盟和国际媒体人士自由进入叙利亚等。2013 年 9 月 24 日，第 68 届联大一般性辩论开始举行。联合国秘书长潘基文在讲话中再次重申，叙利亚内战危机必须通过政治方式和平解决，穷兵黩武之举只能造成流血冲突的持续。潘基文在 68 届联大一般性辩论发表讲话指出，叙利亚危机是当今世界最大的和平与安全挑战。这场持续近 3 年的灾难性内战已造成超过 10 万人丧生，700 多万人、相当于该国 1/3 的人口逃离家园，更将整个中东地区推向危险的动荡

① 参见联合国网站：http：//www. un. org/chinese/News/story. asp？NewsID =24215。

边缘。①

除了联合国安理会和大会之外，联合国的一些专门机构也在缓解冲突、救助难民等方面发挥了建设性作用。

叙利亚局势恶化以后，联合国人权理事会多次通过决议谴责叙利亚境内出现的严重侵犯人权的行为，并且成立国际调查委员会调查叙利亚人权状况。2011 年 8 月 23 日，人权理事会授权成立叙利亚问题独立国际调查委员会，旨在彻查自 2011 年 3 月叙利亚危机爆发以来冲突各方违反人权的行为，对侵权及犯罪的事实和情况加以确认，并在可能时查明肇事者，以确保追究其责任。2013 年 3 月 22 日，联合国人权理事会以 41 票赞成、5 票弃权和 1 票反对的结果通过决议，决定将叙利亚问题独立国际调查委员会的任期延长 1 年。决议还要求委员会继续向人权理事会会议提交有关叙利亚人权状况的报告。决议要求联合国秘书长向调查组提供必要的资源，以使其全面完成使命。2012 年 7 月 6 日，在日内瓦召开的人权理事会第 20 次会议以 41 票赞成、3 票反对和 3 票弃权的表决结果，通过了美国等国提出的一份对叙利亚境内的暴力及侵犯人权行为予以谴责的决议草案。俄罗斯、中国和古巴认为这份决议草案的内容不够平衡和客观，因此投了反对票；印度、菲律宾和乌干达弃权。决议草案强烈谴责叙利亚境内出现的各种严重侵犯人权行为，并特别对叙利亚政府和亲政府民兵进行了谴责，要求叙利亚各方停止一切暴力，执行安南提出的 6 点和平计划，强调应追究侵犯人权者的责任，并决定将叙利亚问题独立国际调查委员会的所有报告递交给联合国相关

---

① 参见联合国网站：http：//www. un. org/zh/focus/northafrica/newsdetails. asp？newsID = 20563&criteria = syria。

机构及秘书长，以采取适当行动。2013 年 6 月 14 日，人权理事会就叙利亚问题通过一项新的决议，要求叙利亚当局立即向独立国际调查委员会提供通行自由，允许其在叙利亚境内开展调查工作。决议谴责包括真主党民兵在内的外国战斗人员卷入叙利亚冲突，并要求叙利亚当局协助人道主义组织向所有存在需要的人提供全面援助。①

联合国世界粮食计划署从 2011 年 8 月开始向叙利亚提供紧急援助。叙利亚危机开始以来，世界粮食计划署为拯救流离失所的家庭，已经向难民们运送了超过 200 万吨的粮食。通过发放粮食配额、粮食代金券及电子代金券，粮食署向 600 多万叙利亚难民提供了生命保障。世界粮食计划署 2015 年为 24 万的叙利亚儿童提供了特制营养产品——营养酱和花生营养补充剂，以对抗营养不良并预防微量元素缺乏。② 另外，粮食计划署还呼吁叙利亚各方遵守人道主义原则，确保人道救援人员及物资的安全；希望各国提供资金援助。

联合国难民署一直与合作伙伴一起，为难民营中的叙利亚难民提供医疗服务。联合国难民署叙利亚难民问题区域协调员穆姆兹斯在 2013 年 4 月 9 日表示，约旦、土耳其、黎巴嫩和伊拉克收留的叙利亚难民人数已经达到 130 万，难民增加的速度远远高于人道主义机构此前的估计，如果在年底之前叙利亚问题无法找到政治解决方案，难民人数可能会增至 400 万。③ 2013 年 10 月 22 日，联合国难民署发言人爱德华兹在日内瓦指出，该机构在叙利亚的援助目标是向

---

① 参见联合国网站：http：//www. un. org/zh/focus/northafrica/newsdetails. asp？newsID = 20002&criteria = syria。

② 参见联合国世界粮食计划署网站：http：//cn. wfp. org/stories/10 – facts – about – hunger – syria。

③ 参见联合国网站：http：//www. un. org/zh/focus/northafrica/newsdetails. asp？newsID = 19578&criteria = syria。

300 万叙利亚人提供援助物资，使他们能够养家糊口。据统计，叙利亚冲突共造成叙利亚境内医疗设施严重损毁，57%的医院被损坏，无法向病人提供治疗服务，15000 名医生离开叙利亚，到国外谋生。① 根据联合国难民署统计，共有 390 万叙利亚难民流落在叙周边国家和北非地区，另外在欧洲还有 20 万叙利亚难民。② 2015 年 3 月 12 日，联合国难民署在瑞士日内瓦再次呼吁，国际社会关注并援助叙利亚难民。随着叙利亚内战进入第五个年头，数百万背井离乡暂居邻国的难民们生活条件极有可能进一步恶化。国际社会必须提供更多援助，否则数百万难民的前景将一片黯淡。

（二）小结

联合国相关机构在叙利亚局势恶化后积极参与应对危机，虽然最后的结果与国际社会的预期有很大差距，但联合国的努力也有一定的实际效果。第一，联合国叙利亚问题特别代表促成了叙利亚交战双方的和谈。2014 年 1 月 25 日，在联合国阿盟叙利亚问题联合特别代表卜拉希米的主持下，叙利亚政府与反对派代表在联合国日内瓦办事处举行了冲突爆发以来的首次面对面会谈。会谈首先讨论了人道主义问题。双方就释放相关人员达成了一致，叙利亚政府同意允许在遭受其包围的霍姆斯城内的妇女与儿童离开。③ 和谈虽然未能

---

① 参见联合国网站：http：//www. un. org/chinese/News/story. asp？ NewsID = 20732。

② 联合国难民署 2014 年第 1 期电子通讯，参见 http：//www. unhcr. org. hk/unhcr/tc/get_ involved/newsletter_ list/newsletter_ main. html？ id = 16。

③ 联合国难民署：《叙利亚救援工作报告 20150510》参见联合国难民署网站：http：//www. unhcr. org. hk/files/2015% 20Emergency/Syria/May% 2015/SyrianrefugeecrisisInterAgencyRegionalUpdate20150510. pdf。

带来和平，但是交战双方能进行面对面的会谈是实现和平的必经之路。第二，联合国与禁止化学武器组织和相关国家共同能力，销毁了叙利亚的化学武器。叙利亚化学武器的全部销毁避免了叙利亚平民免受化学武器的伤害。第三，联合国专门机构在人道主义救援方面发挥了至关重要的作用。战乱中受伤害最大的就是无辜平民，叙利亚危机使数百万平民沦为难民流落周边国家甚至到了欧洲。联合国世界粮食署、难民署等机构在救助叙利亚难民方面发挥了不可替代的重要作用。

自叙利亚冲突爆发以来，联合国及其相关机构积极应对叙利亚危机，但安理会未能通过决议对叙利亚境内的暴力行为进行军事干预，维和部队更是无法派出，其他方面的能力根本无法达到预期目标，显得“心有余而力不足”，这充分说明联合国在应对重大国际安全问题上存在“能力赤字”。

第四节　联合国安全治理面临的问题与挑战

由于国际安全问题及其特点的不断发展变化，联合国在安全治理方面的工作难度更大。目前，联合国在安全治理中面临的主要问题与挑战如下。

第一，联合国维持和平行动受安理会成员国的制约。维持和平行动是联合国帮助所在国从冲突走向和平的最有效手段之一，通过提供安全、政治与建设和平方面帮助，使冲突中的国家走向和平。联合国维和行动有很多独特优势，包括合法授权、共担负担、能够在全球范围部署军队及警察，与文职维和人员协调配合，以推进多层面任务的执行。根据《联合国宪章》的规定，安全理事会负有维持国际和平与安全的主要责任。维持和平行动需要联合国安理会通过决议授权，安理会是联合国系统中唯一有权采取强制性行动的机构。联合国在部署维和行动的诸多程序中，安理会的决议至关重要。在经过磋商和实地评估后，如安全理事会认为部署联合国维持和平行动是最佳选择，则将通过一项决议，正式授权开展行动。决议将规定行动的任务和规模，并详细说明其负责执行的任务。联合国维和行动没有安理会的决议授权无法部署。

根据联合国安理会的议事规则，安理会就非程序问题投票表决时，中国、法国、俄罗斯、英国、美国五个常任理事国中只要一个大国不同意，决议就不能通过，这被称为“否决权”。安理会常任理事国的“否决权”对于保持大国一致行动，集中力量应对地区危机起到了很大的作用。常任理事国的五大国一致原则确保了联合国维和行动决策过程和行动过程的合法性，但有时大国一致原则成为联合国部署维和行动的障碍。在应对叙利亚危机过程中，由于安理会常任理事国投票反对，三次决议都未能通过，最后安理会未能部署维和行动，甚至未能采取有效行动制止暴力冲突的蔓延。实际上，面对暴力冲突安理会经过评估后认为有必要进行军事干预只是部署维和行动的第一步，最关键的是安理会通过决议，而常任理事国对决议有一票否决权，所以常任理事国的一致同意才是部署维和行动的关键。而常任理事国出于自身利益考虑否决维和行动时有发生。由于常任理事国的反对而未能部署维和行动，可能错过干预行动的最佳时间，甚至彻底失去制止暴力冲突的机会，联合国会因为未能对暴力冲突采取有效行动而声誉受损，地位下降。如何在部署维和行动过程中协调常任理事国立场，克服大国之间的分歧，以维护国际社会的和平与稳定为目标和出发点，成为联合国在安全治理中面临的最大挑战。

第二，联合国维和行动面临着经费、人员短缺和维和人员的性丑闻等问题。联合国维和行动长期面临着经费拖欠问题。为联合国维持和平行动筹集资金是联合国全体会员国的集体责任。根据《联合国宪章》第十七条之规定，各会员国按照分摊比例承担维持和平行动经费。联合国大会根据具体的经费分摊比额表计算出各会员国分摊的具体费用。该公式主要考虑各会员国的经济发展状况，五个安全理事会常任理事国需缴纳更大份额，因为他们对维持国际和平与安全负有特殊责任。尽管支付维持和平摊款是各国的义务，但截至2015年3月31日，会员国当年和以往的欠缴额约达21.7亿美元。[①] 由于联合国自身没有军队，所有参加维和行动的人员均来自会员国。在维和人员方面，联合国不仅需要训练有素的人员，而且还需要有一些随时待命以供紧急调遣的常备部队。目前向维和行动派遣人员较多的国家均是一些经济欠发达的国家，发达国家派出的维和人员比较起来要少得多。根据联合国截止2015年5月31日的统计数据，派出维和人员最多的三个国家为孟加拉国、巴基斯坦和印度，派遣人数最多的10个国家均为发展中国家。[②] 由于工作环境恶劣、生命安全难以保障、远离家乡和亲人、身心健康均受到威胁，发达国家近年来参加维和行动的人数较少。除了维和经费和维和人

① 参见联合国网站：http：//www. un. org/zh/peacekeeping/operations/financing. shtml。

② 派遣人数最多的10个国家分别为：孟加拉国、巴基斯坦、印度、埃塞俄比亚、卢旺达、尼泊尔、塞内加尔、加纳、中国和尼日利亚，参见联合国网站：http：//www. un. org/en/peacekeeping/contributors/2015/may15_ 2. pdf。

员紧缺之外，维和人员的素质及其管理等方面也存在问题。联合国维和人员在维和过程中的性丑闻时有发生。联合国明确规定，禁止其工作人员以金钱、工作机会、物质或者服务为回报，进行有偿性行为。在《蓝盔部队十大个人行为守则》第四条明确禁止维和人员不得对当地民众有性侵犯、身体和心理虐待行为，尤其是对妇女儿童。[①] 在一些地区对联合国维持和平人员性剥削和虐待的指控后，秘书长强制推行实施零容忍政策。为了防止以及处理性剥削和性虐待事件，2003 年时任联合国秘书长安南签署了《防止性剥削和性虐待的特别保护措施》[②] 的公报。2008 年，联合国大会通过了关于援助和支持受联合国工作人员和有关人员性剥削和性虐待受害人的全面战略的 A/RES/62/214 号决议。该决议重申支持秘书长对性剥削和性虐待的零容忍政策，在整个联合国系统采取综合办法，向受联合国工作人员和有关人员性剥削和性虐待的受害人提供援助。[③] 即便如此，联合国维和人员在执行任务过程中仍然不时传出性丑闻。2015 年 6 月，由联合国内部监督事务厅起草的报告指出，一些联合国维和人员涉嫌在海地与 200 多名女性进行性交易，向后者“支付”食品、药品和生活用品等。受到性剥削和侵犯的女性中，约 1/3 为不满 18 岁的未成年人。[④] 2015 年 6 月 18 日，联合国秘书长潘基文在维和行动部队指挥官年度工作会议闭幕式上发表讲话指出，维护和平是联合国的旗舰行动，指挥官们因此肩负着重大责任。他指出，各

---

① 《蓝盔部队十大个人行为守则》，参见 http：//www. un. org/en/peacekeeping/documents/ten_ in. pdf。

② 参见联合国文件 ST/SGB/2003/13。

③ 参见联合国文件 A/RES/62/214。

④ 苏毅：《联合国维和行动高级别小组组长：对维和人员性剥削行为零容忍》，参见 http：//gb. cri. cn/42071/2015/06/17/5311s4999936. htm。

指挥官应确保所有维和人员在任何时候都保持最高水平的诚信。潘基文表示对所听到的维和人员卷入性侵犯的报告后感到愤怒，强调将致力于将所制定的坚定的零容忍政策变成有效的零犯罪事实。潘基文在讲话中敦促指挥官们在维和工作中制造一种文化，使这种令人发指的行为不再发生，一旦发生，应找出肇事者并对其予以惩处。针对联合国维和人员在驻在国的性交易和性剥削行为，联合国维和行动高级别小组①组长奥尔塔表示，联合国对此类行为持零容忍态度，维和人员的豁免权不代表他们在任何情况下都免于惩罚。如何加强严明维和纪律、加强对维和人员的管理是联合国长期以来面临的又一个挑战。

第三，如何应对国内冲突是联合国安全治理面临的重要挑战。国内冲突目前已经取代国际冲突成为国际社会突出的安全问题。国内冲突由于国家主权的限制，外部力量调解、干预的难度大；另外，国内冲突一般背景复杂，通常是经济、社会、种族、教派等多种复合因素影响的结果。国内冲突和国际冲突一样都会导致严重的人道主义灾难。对于国内冲突，联合国传统的维和行动难以有效应对。针对国内暴力冲突，联合国在2000年以后开始探索新的治理路径，“保护的责任”（responsibility to protect）逐渐被提上议事日程，但是目前联合国及其会员国尚未达成一致共识。

在2000年的联合国大会上，联合国秘书长安南呼吁国际社会就人道主义干预的相关问题达成共识。为了响应联合国秘书长的这一倡议，加拿大政府提议成立“干涉与国家主权国际委员会”作为解

---

① 联合国维和行动高级别独立小组是潘基文于2014年10月31日宣布任命的。成立该小组的目的是为了评估联合国现有维和行动的状况，并为联合国如何在不断变化、越来越充满挑战的环境中有效开展维和行动提出建议。

决相关问题的国际协调机构。2000 年 9 月，在联合国的千年首脑会议上，加拿大总理克雷蒂安宣布该委员会成立。“干涉与国家主权国际委员会”定位为专门为促进“保护人权”与“尊重主权”两种概念之间的沟通而成立的一个独立的国际机构，旨在促进世界各国就干涉与国家主权之间的关系展开全面辩论，帮助联合国消除内部在军事干涉与维护国家主权问题上的分歧。2001 年 12 月，该委员会向时任联合国秘书长安南提交了一份题为《保护的责任》的报告，正式提出了“保护的责任”的概念。根据这一报告，“保护的责任”的核心含义即一个国家有责任保护本国国民免受可以避免的灾难，具体说就是免遭大规模屠杀、强奸和饥饿。如果这个国家没有能力或者不愿意履行它的这种责任，那么国际社会就应当对此进行干预，从而代替这个国家履行这种保护的责任。这是国际社会首次明确提出“保护的责任”这一概念并对其进行了全面的阐释。2004 年 12 月，“威胁、挑战和改革问题高级别名人小组”向安南提交了名为《一个更安全的世界：我们的共同责任》的报告。它明确阐述了新时代“主权和责任”的关系，在此基础上表达了国家和国际社会都应该承担“保护的责任”。报告指出主权概念“显然含有一国保护本国人民福祉的义务，以及向更为广泛的国际社会履行义务之义务。但是，历史极为清楚地告诉我们，不能假设每个国家总是能够或者愿意履行其保护本国人民和避免伤害自己邻国的责任。而当出现这种情况的时候，集体安全原则意味着上述责任的某些部分应当由国际社会予以承担”。2005 年 3 月 21 日，安南秘书长提出了题为《大自由：实现人人共享的发展、安全和人权》的秘书长报告，对上述两份报告进行了肯定，并认为需要行动起来。其第四部分写道：“我们必须承担起保护的责任，并且在必要时采取行动。这一责任首先在于每个国家，因为国家存在的首要理由及职责就是保护本国人民。但如果一国当局不能或不愿保护本国公民，那么这一责任就落到国际社会肩上。”“现在，各国政府应对自己的公民负责，而且彼此负责”。这是联合国秘书长首次正式将“保护的责任”的基本含义传达给各国，并请各国给予认真的考虑。经过艰苦谈判，2005 年 10 月 24 日，第 60 届联合国大会通过了《2005 年世界首脑会议成果》。该决议第四部分“民主与法治”特别强调了“保护人民免遭灭绝种族、战争罪、族裔清洗和危害人类罪之害的责任”，并以两段文字对其进行了比较详细的说明。2006 年 4 月，联合国安理会讨论武装冲突中保护平民的问题时通过的一项决议确认了《2005 年世界首脑会议成果》中提到的“保护的责任”。[①] 其中“保护的责任”至少有三个支柱：其一，主权国家是保护一国公民最重要的主体；其二，国际社会的角色只在于为主权国家政府提供支持，促进其有能力承担保护公民的责任；其三，国际社会真要采取集体行动（包括军事干涉），必须在联合国宪章框架下进行。因此，单纯认为有了“保护的责任”，外部力量就可对他国内政中出现的人道主义灾难进行不设条件的人道主义干涉是不对的。

关于“保护的责任”国际社会已经达成一定的共识，但是对其内涵、适应范围、如何实施等一系列重要问题都有明显分歧。英国、法国、加拿大、澳大利亚、西班牙、德国、北欧各国和政局比较稳定的非洲国家都非常支持。大部分国家对“保护的责任”持保留态度并提出建设性意见。这些国家包括美国、日本等发达国家和中国、

① 罗艳华：《“保护的责任”的发展历程与中国的立场》，载于《国际政治研究》，2014 年第 3 期，第 15 页。

巴西、印尼等发展中国家。古巴、委内瑞拉、苏丹、尼加拉瓜、斯里兰卡等少数国家坚定反对。[①]“保护的责任”还只是发展中的一项国际规范，有待完善，其本身并不构成国际法。[②]“保护的责任”在利比亚的国际实践毫无疑问没有取得理想的效果。一些国家以保护人权为名干预他国主权为实，不但没有达到保护人权的目的，反而使冲突地区陷入长期混乱。

“保护的责任”为应对国内暴力冲突及其导致的人道主义灾难提供了一个思路，然而在实践中仍然存在着诸多问题。例如，以“保护的责任”为目的进行干预是否存在先决条件，如何防止被滥用于干涉他国主权等问题。如果在这些问题上国际社会不能达成共识，不能以适当的形式对其实践进行有效规范，“保护的责任”在应对暴力冲突、解决人道主义危机方面不可能发挥关键作用。

第五节　联合国安全治理改革

在全球化深入发展的背景下，国际安全形势呈现出多元化发展的特点，联合国安全治理面临诸多问题和挑战，联合国需要以有效的改革应对形势的发展需要。联合国安全治理改革主要分为两个方面，一方面是安理会机构改革，另一方面是维和行动改革。安理会

① 罗艳华：《“保护的责任”的发展历程与中国的立场》，载于《国际政治研究》，2014年第3期，第19页。

② 苏长和：《“保护的责任”不可滥用》，载于《解放日报》，2012年2月8日第4版。

机构改革一直是联合国改革的重点，经过几轮努力仍然未取得突破，尤其是在 1995 年和 2005 年虽然各会员国讨论热烈，但是仍旧未能进行实质性改革。在此将重点分析联合国维和行动的改革。

2000 年联合国开启了维持和平行动改革的序幕，改革包括四个方面：政策方面、机构方面、资金分配方面和纪律方面。

（一）维和政策方面

2000 年 3 月，时任联合国秘书长安南任命了联合国“和平行动问题小组”评估当时维和制度的缺陷，并提出具体、务实的改革建议。该小组由阿尔及利亚资深外交官卜拉希米领导，小组成员在冲突预防、维持和平和建设和平方面拥有丰富经验。2000 年 8 月 17 日，“和平行动问题小组”向联合国提交了报告即《卜拉希米报告》。报告呼吁重申会员国的政治承诺；实施大刀阔斧的机构改革；增加财政支持。报告对联合国维和工作提出了诸多建议，主要有：

首先，联合国维持和平行动一旦部署便必须能够专业地完成任务并且有能力保卫自己特派团的其他组成部队，以强势的应战规则执行特派团的任务，对付那些违反其对和平协定的承诺或企图以暴力破坏协定的当事方。在平民受到伤害时，维和力量有权用自己的方式制止，强调维和行动“保护平民”的职责，同时建议部队遭袭或者平民受侵害时可以进行强有力的还击。

其次，在维和行动的中立性与公正性方面，报告更加侧重公正性，认为维和部队应该对冲突做出区分，而不是一贯的坚持中立。

再次，报告建议安理会应该建立一支强大的维和部队，并且建立“待命安排制度”，以便在紧急情况下迅速派出维和部队。联合国系统内部各机构包括专门机构在人力、物资、政策等方面给予维和部队更坚定的支持。

另外，报告还建议强化指挥系统和建立特派团综合工作队，制订一项全球后勤支援战略；对维和行动部机构进行改革等。①

《卜拉希米报告》对联合国维和行动提出了一些建设性意见，提高了维和行动的国际参与度，号召其他行为体的参与，增加了维和行动的权威性。然而，报告中的一些建议也引起了争议，例如报告中的一些建议对传统维和三原则形成了挑战。报告中“强势应战原则”的建议使得维和部队与冲突方爆发战争的可能性增大。报告中建议明确区分公正性和中立性，尤其侧重于公正性，在冲突背景下、环境恶劣的维和行动中，明确进行价值判断、区分对错，可能会让冲突方都觉得不公正，过分强调公正性可能会导致维和行动偏离目标，导致冲突升级。在平民生命财产受到侵害或者人道主义危机爆发时，维和部队应该而且有权使用武力进行保护，在此过程中，使用武力是正当的，但初衷不是为了打击报复，而是进行人道主义保护，但维和部队应该坚守“中立”原则。

《卜拉希米报告》经第55届联合国大会讨论通过后，安南秘书长高度重视报告的落实行动，指派常务副秘书长执行报告的建议，推动着联合国采取实质性步骤改革维和行动。《卜拉希米报告》通过后，联合国会员国和联合国秘书处继续推进维和政策和战略改革。在2004年威胁、挑战和改革问题高级别小组的报告《一个更安全的世界：我们的共同责任》中制定了新时期集体安全的广泛框架。②

---

① 《联合国和平行动问题小组的报告》，联合国文件 A/55/305 – S/2000/809。

② 《一个更安全的世界：我们的共同责任》，联合国文件 A/59/565。

在《2005 年世界首脑会议成果》中决定建立维持和平委员会。[①] 在 2006 年公布的《2010 和平行动改革战略》中包括维和行动部的改革战略。[②] 2008 年 3 月，联合国维和行动部与战地保障部发表《联合国维和行动：原则与指针》，对维和行动的指导原则进行了完善和发展。《联合国维和行动：原则与指针》中提出了维和行动的三个基本原则：当事方同意，公正，除自卫和联合国授权外不得使用武力。该文件是对传统维和三原则的发展和调整。对于同意原则，强调联合国在开展维和行动前应事先征得主要冲突方的同意。对于公正原则，不能将中立与公正或不作为混为一谈，强调与维和对象国家交涉时应该做到公正，但在履行维和使命时不应该保持中立。文件中明确了维和行动使用武力的两种情况：安理会授权和自卫。对自卫的概念的定义也有实质性的突破，对于破坏和平的势力，安理会可以授权维和部队“采取一切必要措施”阻止其对和平的破坏。《联合国维和行动：原则与指针》第一次对维和行动原则做了明确专门的解释，维和原则有了新的发展。首先，对于中立性和公正性的区别使得维和行动的中立性原则有所减弱。其次，以书面形式明确了联合国授权使用武力原则使得维和行动的主动性和强制性有所增强，突破了之前自卫使用武力的局面。《联合国维和行动：原则与指针》在为联合国维和指明方向和维和理论探索创新的同时也具有一定的缺陷。对公正性的强调容易使得联合国被大国利用或者操纵，为干涉别国内政提供可能。对于使用武力原则的发展，增加了联合国维和的强制性色彩和加大了维和行动的危险。联合国授权使用武力原

① 《2005 年世界首脑会议成果》，联合国文件 A/RES/60/1。

② “Peace operations 2010” reform strategy，http：//www. un. org/en/peacekeeping/documents/po2010. pdf.

则缺乏具体明确的规则，大国以集体名义采取的强制性行动往往并非完全公平中立。

（二）维和机构方面的改革

随着联合国维和任务与参加人数的不断增加，为了提高联合国管理和持续开展维和行动能力，联合国大会通过关于加强联合国维持和平行动能力的第61/256号决议，决定改组维持和平行动部，并设立后勤保障部。联合国秘书长潘基文于2007年4月13日向联合国大会提交了《关于提高联合国管理和持续开展和平行动能力的全面报告》[①]，全面阐述了维和机构改革的具体情况。主要包括以下两个方面。

首先，改组维持和平行动部。维持和平行动部对安全理事会以及维持和平行动特别委员会负责，负责维持和平行动管理、协助制定解决冲突的全面方针，负责与维和部队的派遣国、会员国、合作伙伴的沟通等。改组后的维持和平行动部由五部分组成：副秘书长办公室，行动厅，军事厅，法治与安全机构厅，政策、评价和培训司。

副秘书长办公室是联合国维持和平战略指导、管理和监督的部门。在副秘书长办公室新设立司长级办公室主任一职。办公室主任的主要责任是：代表副秘书长或按照副秘书长的指示监测和监督该部的内部管理。

行动厅是由助理秘书长担任主管，其主要作用是向特派团提供

① 联合国文件A/61/858。

政治、战略、政策以及业务指导。行动厅进行三项主要变革：由司长担任主管的区域司的数目从3个增加到4个，将非洲司分成两个正式的司，即原来的非洲司拆分成非洲一司和非洲二司；在每个司配备足够的政治力量，以及在综合行动组配备专职和全职的军事、警务和支助专业人员；在行动厅设立一个小组，用以支持特派团综合规划进程的拟订和执行工作。

军事厅的改革主要有三个方面：将军事顾问的级别提升到助理秘书长级，这一职位相当于军队的中将级别，可确保军事顾问至少具有所有部队指挥官以及外地首席军事观察员相同的级别；军事厅的机构沿用原有军事司的机构，但每一个机构都必须得到加强，包括军事顾问办公室、军事规划处、部队组建处和军事行动处，尤其是要加强军事行动处的作用；增加军官人数，组建综合行动组。

法治与安全机构厅主要负责维和行动中的法治工作，《卜拉希米报告》的一个关键方面是强调法治和公共秩序对于冲突后国家和平与安全的重要性。在法治与安全机构厅设立主管法治和安全机构事务助理秘书长办公室，监督和指导联合国在警察管理、司法行动、解除武装、复员人员重返社会等领域开展的活动。

设立政策、评价和培训司，由现有维和最佳做法科、综合培训处以及新成立的评价科和伙伴关系科组成。政策、评价和培训司负责为制定和平行动理论和政策提供综合保障，系统地采纳最佳做法，吸取经验教训，按照理论和（或）政策以标准方式安排、设计和提供培训，并评价特派团执行任务的业绩。①

---

① 《秘书长报告：关于提高联合国管理和持续开展和平行动能力的全面报告》，联合国文件 A/61/858，第26—80段。

其次，新设独立的后勤保障部。为联合国所有外勤业务提供切实有效的后勤、人力及行政支持和管理，这是非常艰巨的挑战。后勤保障部为维持和平行动部和政治事务部提供后勤保障服务，负责为联合国各项外勤业务提供专门支持，包括就人事、财务、采购、后勤、通信、信息技术及其他行政和总体管理问题提供支持。为提高外勤支助工作的效力和一致性，并且确保进行有效监督，后勤保障部将整合与后勤业务有关的现有部门，把维持和平行动部现有的特派团支助厅整个划归后勤保障部。后勤保障部将包括三个主要部门，即副秘书长办公室、后勤保障行政厅和综合保障事务厅。

后勤保障部第一个主要部门是主管后勤保障事务的副秘书长办公室。主管后勤事务的副秘书长代表秘书长领导和平行动的所有后勤保障工作，提供必要的战略指导。副秘书长办公室包括副秘书长直属办公室、风险管理和法律职能单位以及一个专门负责高级领导任命工作的秘书处。

后勤保障部第二个主要部门是后勤保障行政厅。在后勤保障行政厅新设立主管后勤保障的行政事务助理秘书长办公室，负责监督后勤人事司、后勤预算和财务司及行为和监督司的工作。助理秘书长将负责后勤保障部财务、人事和监督方案的总体管理，并接受问责。助理秘书长还将提供战略指导，拟订政策和程序，核批并监督其授权范围内的资源使用情况。

后勤保障部第三个主要部门是综合保障事务厅。主管综合保障事务的助理秘书长负责总体领导和协调综合保障事务厅的日常工作，协调所有维和行动的后勤及信息和通信技术保障工作，包括为后勤保障提供指导、制定政策和方针；提供综合后勤及信息和通信技术保障规划。主管综合保障事务助理秘书长办公室设在综合保障事务厅。综合保障事务厅还包括信息和通信技术司、后勤支助司、后勤采购处。①

2010 年，外勤支助部制订了《全球后勤保障战略》，由秘书长提交第 64 届联大讨论。《全球后勤保障战略》总的意图是改变向外地特派团提供服务的方式。它是一个综合全面的方案，汲取了几十年业务工作的经验教训。该战略旨在实现四个核心目标：加快和改进维和保障工作，包括关键的早期和平建设中的后勤保障；加快和改进对缔造和平、选举援助、调解和预防冲突的保障；加强资源管理和问责，同时提高效率和加强规模经济；改善工作人员的安全和生活条件。②

（三）维和资金分配方面

联合国历来向为维持和平特派团提供部队的国家支付费用。因此，支付比率问题对于许多国家而言是极其重要的，无论是提供维和人员的国家还是为维和行动承担财政义务的国家。2011 年，联合国大会请秘书长潘基文设立了一个高级咨询小组，负责审议“向维和部队派遣国支付费用比率和相关问题”。2012 年 11 月，高级咨询小组提出报告，在报告中的建议主要有三个方面：采取新做法核算派遣国为其部队部署到联合国维和特派团而付出的一般费用和必要额外费用；向在任何条件下并且风险超常的条件下执行任务的具体单

---

① 《秘书长报告：关于提高联合国管理和持续开展和平行动能力的全面报告》，联合国文件 A/61/858，第 88—106 段。

② 《秘书长报告：全球后勤保障战略》第一部分，联合国文件 A/64/633。

位颁发额外奖金；向为维和行动做出特殊贡献者支付额外补偿。[①] 联合国秘书长潘基文随后提出一个关于如何执行该小组各项建议的报告（A/67/713 号文件）。2013 年 5 月 10 日，联合国大会通过了第 67/261 号决议，核准了高级咨询小组的结论和建议，但附加了若干规定。

（四）维和纪律方面

联合国面对维和人员的性剥削和虐待控告，通过改革加强了维和纪律方面的约束。2004 年在刚果民主共和国的联合国维持和平人员中，有不少人有性剥削和性虐待行为，严重损害了维持和平的声誉。时任联合国秘书长安南发现问题后，开始进行审查，以确定问题的性质与程度并加以解决。2004 年 7 月安南秘书长邀请约旦常驻联合国代表扎伊德·拉阿德·侯赛因亲王担任顾问，提交一份有具体建议的关于联合国维持和平人员性剥削和性虐待问题的全面报告。2005 年 3 月扎伊德亲王提交了《在联合国维持和平行动中消除性剥削和性虐待的综合战略》，报告围绕四个方面提出了建议：行为标准的现有细则，调查程序，联合国、主管人员和指挥官的责任，个人的纪律、财务和刑事责任。报告建议联合国必须统一适用于所有维和人员禁止性剥削和性暴力的细则；必须建立一个专业调查程序，利用现代科学鉴别方法；必须采取一系列组织、管理和指挥措施，来处理性剥削和性虐待问题，以确保通过适当的惩处来追究有性剥

---

① 《关于向部队派遣国偿还费用比率和其他相关问题高级咨询小组的报告》，联合国文件 A/C. 5/67/10，第 108—120 段。

削和性虐待行为的维和人员的个人责任；确保他们在经济上对受害者遭到的伤害负责；如果依照适用的法律，他们的行为构成犯罪，则追究他们的刑事责任。[①] 针对以上建议，联合国出台了配套措施为性虐待受害者提供援助。2008 年 3 月 7 日，联合国大会 A/RES/62/214 号决议通过了联合国关于援助和支持受联合国工作人员和有关人员性剥削和性虐待受害人的全面战略。决议重申支持秘书长对性剥削和性虐待的零容忍政策，并回顾所有相关的联合国行为标准和条例，包括秘书长关于防止性剥削和性虐待特别保护措施的公告，又重申支持在整个联合国系统采取综合办法，向受联合国工作人员和有关人员性剥削和性虐待的受害人提供援助。

在 2000 年联合国启动维和行动系列改革以后，在联合国成立 70 周年之际，维和行动改革继续推进。2014 年 10 月 31 日，联合国秘书长潘基文宣布任命一个高级别独立小组，以评估联合国维和行动，这将是继 2000 年之后联合国对维和行动的又一次全面评估。成立该小组的目的是为了评估联合国现有维和行动的状况，并为联合国如何在不断变化、越来越充满挑战的环境中有效开展维和行动提出建议。小组由东帝汶前总统奥尔塔担任主席，孟加拉国的阿米拉赫·哈吉女士担任副主席，小组汇集了十多名拥有广泛经验的专家，分别来自法国、印度、中国、俄罗斯、英国、美国、巴西等国，其中包括联合国前政治事务副秘书长帕斯科、南苏丹特派团前负责人约翰逊和来自中国的王学贤。王学贤曾担任中国常驻联合国副代表、中国首任南非大使以及中国阿富汗事务特使。

---

① 《在联合国维持和平行动中消除性剥削和性虐待的综合战略》，联合国文件 A/59/710，第 94 段。

2015 年 6 月 16 日，维和行动高级别独立小组在纽约向秘书长提交报告。潘基文在报告提交仪式上发表讲话指出，他将仔细研究报告所提出的建议，并向联大和安理会转交此份报告。联合国成员国将在 2015 年的联大一般性辩论中对报告进行讨论。维和行动高级别独立小组提交的此份报告着重就预防冲突、保护平民、使用武力、持续和平以及快速部署与能力和业绩等方面提出建议。报告指出，今后的维和行动应该在四个方面进行转型，即将政治解决方案置于首要位置、开展全方位应对行动、建立更强大的伙伴关系以及加强实地特派团的能力并以保护平民为中心。

联合国维和行动改革取得了一定进展，特别是在制度、机构和后勤保障层面确保了维和行动的正常运行。联合国安全治理改革成效最显著的就是维和行动改革，其他方面的改革虽然讨论很热烈，但是实际进展非常有限。

第四章　联合国的经济发展治理

《联合国宪章》中明确指出联合国宗旨包括：促成国际合作，以解决国际间属于经济、社会、文化及人类福利性质之国际问题，且不分种族、性别、语言或宗教，增进并激励对于全体人类人权及基本自由之尊重。联合国自成立以来致力于实现经济社会的可持续发展，在有的方面联合国作用明显，有的方面则有待加强。

第一节　联合国经济发展治理的相关机构

在联合国系统内部，有联合国经济及社会理事会、联合国大会第二委员会（经济和金融委员会）、联合国经济和社会事务部等机构专门致力于促进经济发展。

（一）联合国经济及社会理事会

联合国经济及社会理事会，简称“经社理事会”，成立于1946

年，是根据《联合国宪章》设立的机构，由54个理事国政府组成，经联合国大会选举产生，任期三年。经社理事会按地域代表制分配席位，非洲国家14个、亚洲国家11个、东欧国家6个、拉丁美洲和加勒比地区国家10个、西欧和其他国家13个。经社理事会主席团包括分属世界五个地区的五国政府，这五个地区是拉丁美洲、非洲、亚洲、东欧、西欧以及其他发达国家。每年从不同地区选出一名代表担任主席，领导经社理事会。

经社理事会负责讨论和辩论世界经济、社会和环境挑战问题并发布政策建议。2005年世界首脑会议授权经济及社会理事会召集年度部长级审查和两年一次的发展合作论坛，这是经社理事会的两项新职能。

2007年1月9日，联合国大会通过了2006年11月20日关于加强经社理事会的决议（A/RES/61/16）。决议重申经济及社会理事会应继续加强其作为全系统中央协调机制的作用，从而根据《联合国宪章》和大会有关决议，特别是第50/227号和第57/270B号决议，促进联合国经济、社会及有关领域各次主要会议成果的统筹协调执行及后续行动。

决议决定经济及社会理事会每年举办年度部长级审查，目标是评估在实现千年发展目标和落实过去15年里各主要会议和首脑会议商定的目标和具体目标方面所取得的进展，这些目标已列入《联合国发展议程》。经社理事会充当拥有广泛参与者的全球高级别论坛，通过论坛交流经验，确认值得发扬的成功做法和举措，从而为扩大和加快实现发展议程行动做出贡献。年度部长级审查会议包含三项主要内容：对联合国发展议程的全球审查，主题审查，以及若干国家关于其国家发展战略的自愿发言。年度部长级审查的参与方通过圆桌讨论、介绍和一般性辩论，获取先进经验。年度部长级审查帮助政策制定者确定并交流有效的战略和措施。参与方包括各理事国，联合国系统各组织和其他主要相关机构，以及非政府组织、私营企业代表和学术界。

决议决定经济及社会理事会每两年举办一次发展合作论坛，其目标是提高不同发展伙伴活动的一致性和有效性。通过审查国际发展合作的趋势和进展情况，论坛将为提高发展合作的质量和效果提出政策指导和建议。参加方包括发展中国家和发达国家的代表，以及双边发展机构、联合国系统各机构、世界银行、国际货币基金组织、经合组织、区域开发银行及民间社会和私营部门的代表。[①]

经社理事会负有广泛的责任，涉及整个联合国系统70%的人力和财务资源，包括14个专门机构即9个职司委员会以及5个区域委员会。[②] 这9个职司委员会分别是统计委员会、人口与发展委员会、社会发展委员会、妇女地位委员会、麻醉药品委员会、预防犯罪和刑事司法委员会、科学和技术促进发展委员会、可持续发展委员会、联合国森林论坛秘书处。5个区域委员会分别是：非洲经济委员会（非洲经委会）、亚洲及太平洋经济社会委员会（亚太经社会）、欧洲经济委员会（欧洲经委会）、拉丁美洲和加勒比经济委员会（拉加经委会）、西亚经济社会委员会（西亚经社会）。

经社理事会全年举行数次短会和多次筹备会议、圆桌会议、与民间社会成员的小组讨论会，据此来安排其工作。它在7月举行为期四周的工作会议，在纽约和日内瓦之间交替举行，会议分为四个

---

① 《加强经济及社会理事会》，联合国文件A/RES/61/16，第4－8段。

② 参见联合国经社理事会网站：http：//www. un. org/zh/ecosoc/about/index. shtml。

部分（高级别会议、协调会议、业务活动会议、人道主义事务和常务会议）。在高级别会议上，各国内阁部长与国际机构主管以及其他高级官员将讨论重大的经济、社会和环境政策问题。通常会通过一项关于高级别会议主题的部长级声明，为行动提供政策指导和建议。经社理事会的正式工作语言是阿拉伯文、中文、英文、法文、俄文和西班牙文。经社理事会全年的工作由其附属机构和相关机构完成。

（二）联合国大会第二委员会（经济和金融委员会）

联合国大会六个委员会中第二委员会是经济和金融委员会。在第69届联合国大会期间，第二委员会主要是处理有关经济增长和发展问题，如宏观经济政策（包括国际贸易、国际金融体系和外债偿付能力）、发展筹资、可持续发展、人类住区、消除贫困、全球化和相互依存、发展业务活动，以及信息和通信技术促进发展等问题。第二委员会还考虑有关国家在特殊情况下的问题，如最不发达国家和内陆发展中国家问题。它还将考虑被占领的巴勒斯坦领土，包括东耶路撒冷在内的巴勒斯坦人民永久主权问题，以及在被占领的叙利亚戈兰地区阿拉伯居民对其自然资源的永久主权问题。[①]

按照正在进行的大会改革进程，第二委员会正着手改革其工作方法，以提高辩论的质量及审议和决定的影响力，以及进一步简化委员会的议程和工作方案、每两年议程项目、按主题集中审议议程项目、在介绍实质性报告后与秘书处官员举行互动的“问答会议”，减少在会议间通过的决议草案的数量和长度。

① 《分配给第二委员会的议程项目》，联合国文件 A/C. 2/69/1，第 2－12 段。

（三）联合国经济和社会事务部

联合国经济和社会事务部（经社部）是秘书处负责联合国发展的实体负责部门。经社部的工作根据联合国发展议程展开，主要从事于一系列关系到人们生活和生计的各个领域事务，从减贫、治理、金融到环境问题，采取必要的步骤，致力于解决世界上最紧迫的问题。经社部的工作是关于全人类特别是最脆弱的群体的进步。经社部与政府和其他伙伴密切合作，寻求具体的解决方案。

经社部的工作内容可以分为三个方面：制定规范、政策分析和能力建设。无论是支持政策决策机构，协助联合国主要会议的举办，统计预测人口发展趋势，发布高质量的经济数据分析，还是增强国家的发展能力，经社部的影响力已经遍及全世界。

经社部的主要贡献之一是提供政策研究和分析，供会员国政府在审议和决策中使用。近几十年来，经济和社会事务部深入的政策分析，帮助解决了很多世界上紧迫的社会经济问题。通过联合国会员国授权，经社部积极促进全球重要会议和首脑峰会的举办，帮助各个国家找到共同点并果断采取措施应对社会经济问题。此外，经社部和包括私营部门和民间团体在内的一系列利益攸关方共同组织协商促进会。根据要求，经社部还为政府提供建议和协助，让联合国会议制定的政策方针在各国得以落实。

具体来说，经社部的任务是支持两大联合国机构：联合国大会和联合国经济与社会理事会（ECOSOC）及其附属机构。在这方面，经社部的主要任务是推动进步和加强问责制，以实现联合国发展目标。实现联合国千年发展目标（MDGs）一直是经社部工作重点之一，也是指导该部门许多工作的方针。此外，经社部还负责确保民间团体通过经社部参与到联合国相关事务中来。

经社部也是联合国秘书处的主要“策划者”。经社部的研究和分析工作涵盖了一系列的经济、社会和环境问题，研究成果、出版物及主要政府间报告对联合国谈判和全球决策是必不可少的。每年，经社部文件都以印刷物和电子出版形式在全世界大量发行。经社部也以其提供的一流数据而闻名，包括人口估测和统计数据，这些被长期认作全球基准，是最可靠的信息。

2012 年 8 月 1 日，联合国秘书长潘基文任命中国籍的吴红波为主管经社部的副秘书长。经社部的主要机构有经社理事会助理和协调办公室、可持续发展司、人口司、公共行政和发展管理司、发展筹资办公室、社会政策和发展司、统计司、发展政策和分析司、联合国森林论坛、能力发展办公室。

第二节　联合国的经济治理——以应对2008 年全融危机为例

（一）联合国应对金融危机的举措

2008 年爆发的全球性金融危机是二战结束以来范围最广、影响最大最严重的经济危机。2008 年，金融危机首先爆发于发达国家，发展中国家由于经济基础薄弱抗风险能力不强，受影响程度更大。在全球化背景下，经济危机迅速蔓延到全世界，甚至有可能引发安全危机、人道主义危机。在危机爆发以后，各主权国家、国际组织、跨国企业迅速联合行动，形成了各国际行为体合作应对的全球经济治理。联合国积极参与全球经济治理，联合国主要机构及其领导人都积极行动，但整体而言，作用却并不明显。二十国集团（G20）凭借快速的反应、灵活的机制和高效的合作成为全球经济治理的首选合作平台。

2008 年金融危机爆发后，联合国随即积极寻求应对策略。联合国秘书长通过不同渠道向国际社会提出联合应对危机的倡议。2008 年 10 月 13 日，潘基文秘书长发表声明，对受到金融危机影响的各主要经济体及国际货币基金组织的决策机构——国际货币和金融委员会采取的旨在恢复金融市场信心的协同行动表示赞赏，但他同时指出，仍须采取包括政府直接干预在内的更多的相互协调的手段来调整银行系统资本构成以及保护普通百姓的储蓄。潘基文表示，各国政府在响应当前危机方面的临时做法反映出现有金融体系中存在严重漏洞。他指出，为保持经济稳定、实现发达国家和发展中国家共同分享经济收益，必须考虑进行深入的、系统的改革，以包容各方的多边主义为基础，建立能够更好地迎接 21 世纪挑战的全球金融体系。潘基文对本次金融危机对发展中国家特别是最贫困国家造成的影响深感关切。他表示，世界银行及国际货币基金组织为贫困国家提供的紧急周转资金有可能帮助这些国家抵消金融危机的部分影响，但在这方面仍需要做更多的工作。潘基文表示，联合国需要考虑采取紧急多边行动，以便减轻金融危机对于千年发展目标、粮食和能源危机、气候变化等发展议程上的众多问题的影响。他指出，次月将在多哈举行的发展筹资会议将被视为审视发展进程、确保目前的金融困难不会损害发展援助的重要机会。[①]

---

① 参见联合国网站：http：//www. un. org/chinese/focus/financialcrisis/sg. shtml。

2008年10月24日，联合国潘基文在联合国系统行政首长协调理事会上表示，金融危机在发达国家爆发后下一步很可能波及新兴经济体，他呼吁在全球层面上采取防患于未然的协调行动，遏制危机逐级蔓延。2008年11月28日，联合国秘书长潘基文和卡塔尔埃米尔①召集30多个在多哈出席联合国发展筹资高级别会议的国家领导人和部长以及世界银行、经济合作发展组织负责人举行了小范围高级别会议，就应对金融危机问题进行专题讨论。会议重点分析了金融危机和全球经济放缓，以及粮食、能源危机和气候变化等多种挑战并存对全球发展特别是发展中国家的影响。与会者强调，在当前形势下，必须加强多边主义，落实全球伙伴关系，增加官方发展援助，落实有关支持发展中国家的各项承诺，改革金融体制，并推动世贸组织多哈回合谈判尽早结束。与会者一致认为，推动全球共同发展需要加强联合国的作用。

应广大发展中国家的要求，2008年12月，在卡塔尔多哈举行的国际发展筹资大会决定，由联合国主持召开金融危机问题高级别会议，讨论帮助发展中国家应对危机、国际金融和经济体系改革等有关问题。在联合国经济与金融危机及其对发展影响问题高级别会议召开之前，时任联合国负责经济与社会事务的副秘书长沙祖康呼吁国际社会凝聚全球共识共同应对金融危机。沙祖康表示，国际金融危机爆发后，为了稳定金融市场和恢复全球经济增长，相关国家都

---

① 埃米尔（أمير，Emir、Amir）阿拉伯语音译。来源于阿拉伯语，原意为“受命的人”、“掌权者”，伊斯兰教国家对上层统治者、王公、军事长官的称号。原为阿拉伯统帅的称谓，现为某些君主世袭制国家元首的称谓。其意义比较广泛：从其军事统帅意译为总督；亦从其功能意译为国王、酋长、头人、头目、首领、长官等；也有人以其作为贵族最高爵位意译为亲王、大公等等。

积极应对。但是，国际社会仍需要做出更大的努力，包括加强政策协调，加大对发展中国家的资金投入，使发展中国家也能采取适当的反周期政策，保护弱势群体，帮助它们实现长期可持续发展目标。金融爆发后国际社会面临的最大挑战，就是如何加强国际合作，如何化挑战为机遇。各国应加强相关领域的政策协调，将危机的纾困和财政刺激措施与长期发展目标紧密结合，实施可持续发展。沙祖康强调，联合国是最具代表性、民主性和权威性的国际组织，是国际社会讨论重大问题、提出建议、达成原则共识并监督落实的最重要机制，联合国在解决危机中有着至关重要的作用，国际社会需要通过联合国这一机制，对危机的根源、解决方法等问题凝聚全球共识；在政策措施方面，综合考虑政治、经济和金融等问题，统筹短期应对危机的政策和长期发展目标；通过国际合作，帮助发展中国家解决困难和问题。

2009 年 6 月 24 日至 26 日在联合国总部召开了经济与金融危机及其对发展影响问题高级别会议，讨论应对全球最严重的经济危机问题。会议有 126 个国家派代表出席，其中包括 20 多个国家的元首或政府首脑。会议分为全体会议和互动式圆桌会议两部分，国家领导人、联合国系统（包括世界银行和国际货币基金组织）、民间社会组织和私营部门代表将参加四场互动式圆桌会议。四场圆桌会议将探讨如何审查并克服世界金融和经济危机及其对社会发展的影响，其议题包括：第一，危机对就业、贸易、投资和发展，包括对实现国际商定发展目标和千年发展目标的影响；第二，关于消除危机消极影响的行动和适当措施；第三，联合国及会员国在目前改革和加强国际金融经济体系和结构讨论中的作用；第四，联合国相关机构对克服危机的贡献。高级别会议为减少危机影响，特别是对弱势群体的影响，明确紧急对策和长期措施，并考虑到全体会员国的需求和关切，启动亟需开展的国际金融结构改革对话。高级别会议成为各国讨论紧急问题，同时照顾各方关切的一个独特论坛。联合国秘书长潘基文在开幕式上发表讲话说，全球金融危机及其带来的影响表明，世界各国需要进一步采取多边主义政策。如果没有适当的监管，一个方面出现问题将会给其他方面造成深刻的影响。潘基文说，当前我们正面临联合国60多年历史上最为严重的全球金融和经济危机。我们当前所面临的挑战是相互关联的，因此我们应对这些挑战的措施也必须是相互关联的。虽然目前一些国家已经出现了金融稳定和经济增长等现象，但大多数国家还没有出现经济复苏的迹象，这一全球性金融和经济危机所带来的真正影响将持续若干年。联合国代表所有国家，联合国大会代表全人类。联合国是世界各国共商应对危机之策的良好场所。潘基文说："我们需要国际团结。我们需要联合国。"他还说，他正在调动联合国的资源，以实时监测全球金融和经济危机所造成的影响。同时，他也正发动整个联合国系统，以支持有关国家在粮食安全、贸易、绿色经济和社会保障体系等方面制定更加可行的政策。第63届联合国大会主席布罗克曼在开幕式上说，联合国大会是世界各国寻求应对全球金融和经济危机的最佳场所。全球金融和经济危机正使人类处于历史上最独特的时刻，在世界各国之间相互依存度不断提高的今天，世界各国应当同舟共济，防止全球危机转变为一场社会、环境和人道主义悲剧。本次大会成立了国际货币和金融系统改革专家委员会，委员会已于2009年3月就全球金融系统的发展提交了数十份有关近期和长期措施的初步建议。专家委员会成员包括各个区域的经济学家和财经官员，由诺贝尔奖获得者约瑟夫·施蒂格利茨主持工作。委员会就改善国际金融结构提出了多项切实建议。最终，会议通过了《世界金融和经济危机及其对发展的影响问题会议成果》，在成果文件中，联合国分析了金融危机产生的原因及其影响。成果文件提出必须采取迅速、果断的行动实现以下目标：恢复信心和经济增长，创造充分的生产性就业，让所有人都有体面的工作；保障经济、发展和社会成果；向发展中国家提供足够的支持，以解决危机对人和社会的影响，从而维护和巩固迄今取得的来之不易的经济和发展成果，包括在实现千年发展目标方面取得的进展；确保发展中国家可持续性的长期债务；力求向发展中国家提供充足、没有不必要的附加条件的发展资源；重建对金融行业的信任并恢复贷款；促进和振兴开放的贸易和投资，反对保护主义；促进有包容性、绿色和可持续的复苏，继续支助发展中国家的可持续发展努力；联合国发展系统在应对经济危机及其对发展的影响方面发挥更大作用；酌情改革并加强国际金融和经济体系，以适应当前的挑战；在各个层次，包括在国际金融机构和金融市场促进善治；消除危机对人类和社会的影响。[①] 成果报告还认为，控制危机的影响和增强应对能力需要改进国际金融监管体系，改革国际金融和经济体系。成果报告提出了具体行动措施：第一，提高联合国的能力、效力和效率，加强联合国、国际金融机构和相关区域组织之间在政策和行动上的统一与协调。第二，进一步制定联合国发展系统应对危机的综合对策，以通过联合国各基金和方案、专门机构和国际金融机构在国家层面开展协调，支持各国的发展战略。这些对策必须继续由方案国主导，并在这方面消除危机引起或

---

① 《世界金融和经济危机及其对发展的影响问题会议成果》，联合国文件 A/RES/63/303，第 11 段。

加剧的脆弱性，进一步加强国家自主权。这些对策应建立在联合国发展系统已经采取的措施、尤其是在国家层面已经采取的措施基础上。第三，探讨如何加强国际移徙与发展领域的国际合作，以应对目前经济危机和金融危机对移徙和移徙者的挑战，同时考虑到联合国各基金和方案、区域委员会、专门机构和其他国际组织（如国际移民组织）的相关工作和活动。[①] 成果报告还提请经济及社会理事会：第一，考虑促进和加强联合国发展系统和专门机构在落实和执行本成果文件时采取协调一致的对策，以便加强连贯性和一致性，支持就与世界金融和经济危机及其与发展的影响有关的政策建立共识；第二，根据 2008 年 12 月 2 日《多哈宣言》向大会提出建议，以确立更强大、更有效和包容各方的政府间进程，为发展后续行动筹集资金；第三，审查加强机构安排，包括联合国国际税务合作专家委员会的事宜，以促进税务事项方面的国际合作；第四，与国际货币基金组织、世界银行等机构协作，审查联合国与这些机构之间协议的执行情况，尤其注重加强联合国与这些机构之间的协作和合作，并重点注意推动完成各自任务规定的机会；第五，审议是否有可能设立一个特设专家小组，研究世界经济危机和金融危机及其对发展的影响问题，并就此向大会提出建议。该小组可以提供独立的技术专门知识和分析，从而有助于国际社会在知情的情况下采取行动和做出政治决策，并促进决策者、学术界、各机构和民间社会之间开展建设性对话和交流。[②]

① 《世界金融和经济危机及其对发展的影响问题会议成果》，联合国文件 A/RES/63/303，第 52 段。

② 《世界金融和经济危机及其对发展的影响问题会议成果》，联合国文件 A/RES/63/303，第 56 段。

经济与金融危机及其对发展影响问题高级别会议是联合国历史上首次就国际金融危机问题举行高级别会议。第 63 届联大主席布罗克曼指出，联大过去从未讨论过经济与金融问题，这次国际会议将改变这一状况。此次会议得到了国际社会、特别是广大发展中国家的积极响应和支持。此次会议凝聚了共识，并且让全世界注意到发展中国家面临的困难。但是会议最后通过的成果文件中，缺乏应对危机的具体措施。遗憾的是，在这次高级别会议之后，联合国没有就金融危机问题召开过类似的会议，也没有其他跟进措施。

金融危机爆发后，联合国秘书长、联合国大会当值主席和负责经济社会事务的副秘书长都呼吁国际社会加强合作、应对危机，并且呼吁国际社会重视联合国在其中的作用。联合国在应对金融危机方面，没有促成会员国在联合国平台上出台具体应对措施，联合国系统内相关机构也缺乏行动计划和具体措施。联合国应对金融危机主要方式是联合国主要机构领导人向国际社会发出呼吁和召开国际会议。联合国的应对措施以务虚为主，缺乏具体措施。总体而言，在应对金融危机、参与全球经济治理方面联合国的作用有限。与此形成鲜明对比的是 G20 在应对金融危机过程中的务实而高效。

在金融危机发生后不久，G20 迅速做出反应，从 2008 年 9 月全球金融危机爆发到 2009 年 9 月，这 12 个月之内召开 3 次峰会，措施得力、效果明显。2008 年 11 月 15 日，第一次 G20 峰会在美国首都华盛顿召开，从 2008 年 10 月 18 日法国总统萨科齐对美国总统布什提出建议，到 11 月 15 日会议召开，不到一个月的时间就召开了第一次峰会，足以体现出 G20 在应对金融危机方面的高效。华盛顿峰会的主要议题是：讨论金融危机产生的原因；评估国际社会应对危机取得的进展；共商促进全球经济发展的举措；探讨加强金融监管，推进国际金融体系的改革等。联合国秘书长、国际货币基金组织总干事与世界银行的执行行长和 G20 峰会主席国美国总统布什一起，以公开声明的形式宣布 G20 峰会开始。华盛顿峰会通过了应对金融危机的《华盛顿声明》，分析了危机产生的根源、说明各国正在采取与即将采取的行动、阐述改革金融市场的原则，承诺各国将继续致力于构建更开放的全球经济。虽然召开比较仓促，但是华盛顿峰会仍然具有重要意义。第一，G20 华盛顿峰会使全球经济救援成为现实。美欧主要发达国家向金融机构注资；各国均推出巨额经济刺激计划；各国还同意国际货币基金组织增加对中小新兴国家的资金援助。第二，发展中国家首次与发达国家平等讨论国际经济事务，共同参与全球经济治理应对金融危机。此前，国际经济事务主要由发达国家决定，发展中国家话语权很少。在华盛顿峰会上发展中国家特别是中国、巴西、印度等新兴市场国家在全球经济治理中获得了更多的话语权。随着全球经济依存度的不断提高，仅靠少数大国已不可能解决危机带来的所有问题，发展中国家更多参与解决国际金融和经济难题，并逐步增加决定权将是大势所趋。

2009 年 4 月 2 日，G20 第二次峰会在伦敦召开，这次峰会提出了雄心勃勃的全球金融体系改革计划，主要议题包括：采取实际行动复苏全球经济，向国际货币基金组织增资，加强金融监管，反对贸易保护主义，帮助发展中国家应对危机。联合国秘书长潘基文应邀参加了伦敦峰会。潘基文在峰会上呼吁二十国领导人抵制贸易保护主义，承诺采取行动，在世界各国应对此次金融危机的整个过程中向发展中国家，包括那些最贫穷、最脆弱的国家提供支持。伦敦峰会的成果包括：G20 将为国际货币基金组织和世界银行等提供总额 1 万亿美元的资金，大幅增加国际货币基金组织特别提款权

(SDR) 规模2500亿美元，纾缓贫穷国家财政压力。此外，G20在打击避税天堂、反贸易保护主义、限银行家薪酬、刺激经济方案方面都形成了共识。

在2009年下半年，全球经济开始复苏。在复苏的背景下，不同国家针对经济刺激计划的态度出现明显分歧。2009年9月24日至25日，G20第三次峰会在美国匹兹堡举行。此次峰会的主要议题是：确保国际经济稳定复苏，全球经济再平衡，刺激政策退出，抵制贸易保护主义，加强国际金融监管改革，限制金融高管薪酬，国际货币基金组织改革与增资，汇率和储备货币问题。匹斯堡峰会的成果包括：指定G20成为国际经济合作的主要平台；继续实施经济刺激计划，支持经济活动，直到经济复苏得到明显巩固；将新兴市场和发展中国家在国际货币基金组织的份额提高到5%以上，决定发展中国家和转型经济体在世界银行至少增加3%的投票权；将注资超过5000亿美元，用于扩大国际货币基金组织的“新借款安排”机制。

G20通过一年之内的三次峰会，促进了主要国家联合应对金融危机，共同推行刺激计划推动经济恢复增长，联合救市行动取得了明显的效果。第一次峰会上各国在迅速采取财政刺激和货币宽松政策以解救危机上获得一致；第二次峰会认可了继续采取财政和货币手段刺激经济；第三次峰会达成了全球经济再平衡的共识。G20三次峰会的最大成果是使G20成为了全球经济治理的核心平台。在匹兹堡峰会之后，2010年全球金融危机出现了明显的复苏，各国合作的意愿在一定程度上逐渐减弱，在促进经济增长和确保世界经济持续复苏的方向性问题上达成共识仍然是各国的目标。在此背景下，G20继续举行峰会，世界主要经济体愿意在G20框架下共同努力促进经济增长和确保全球经济持续复苏。在全球经济治理中，G20成为首选合作平台，其重要作用不可替代。

（二）小结

在 2008 年全球性金融危机爆发后，联合国分析了其产生的原因和严重的后果，并且提醒国际社会注意金融危机对发展中国家的严重影响。然而，在应对金融危机方面联合国发挥的作用相对有限，远没有达到国际社会的期望。全球经济治理任重道远，需要主权国家特别是主要经济体、国际组织、私营企业等协调合作，联合国的作用更是不可忽视。对于联合国而言，总结经验教训是未来发挥重要作用的必要步骤。在应对 2008 年金融危机的治理中有以下几点值得注意：

第一，联合国在应对 2008 年金融危机的全球经济治理中没有充分发挥自身优势，利用有利条件。G20 在短短几年时间之内迅速发展成为全球经济治理的首要平台。与 G20 比较，联合国具体更多有利条件，但是却没有充分发挥其优势。G20 是临时性国际合作机制，不是传统意义上的国际组织，没有总部也没有领导人，没有秘书处等常设办事机构，也没有成熟的决策机制。G20 虽然没有固定成熟的机构和机制，但是正因为没有传统规则限制，从而有了灵活高效的特点。在应对爆发突然、蔓延迅速的金融危机方面，G20 灵活的优势得以充分发挥。G20 在金融危机爆发后不久，迅速地召开主要经济体领导人峰会，探讨应对策略，而且史无前例地协调联合救市行动。在峰会取得一定效果、世界经济出现明显复苏以后，G20 继续通过峰会确保全球经济持续复苏。G20 在应对金融危机中快速灵活的反应和高效的峰会奠定了其在全球经济中不可替代的重要地位。

联合国是世界上最具代表性、权威性的国际组织，是成熟的国际合作平台。联合国有机构专门处理经济事务，与国际货币基金组织、世界银行等国际金融组织有密切的合作关系。联合国如果充分发挥这些优势，在未来的全球经济治理中将扮演更加重要的角色。

第二，联合国在应对 2008 年金融危机的全球经济治理中缺乏有效应对措施。在 2008 年爆发金融危机之后，联合国积极寻求应对策略，分析金融危机产生的根源，评估金融危机的严重后果。联合国应对金融危机的行动主要是以下两类：第一类是呼吁国际社会加强合作应对危机。联合国高级领导人呼吁重视金融危机对发展中国家影响的严重性，加强合作的必要性，包括联合国秘书长、主管经济社会事务的副秘书长和联合国大会主席都在不同场合向国际社会发出呼吁。第二类是召开国际会议。2009 年 6 月，联合国在纽约举行了有 126 个国家参加的高级别会议。这次高级别会议的成果相对有限，主要是会议召开时间滞后，没有出台应对危机的具体措施。联合国经济与金融危机及其对发展影响问题高级别会议是在金融危机爆发后半年多才召开的，而 G20 是在危机爆发后两个月之内就召开了第一次峰会，在半年之内已经召开了两次峰会。联合国召开的这次会议由于参加的国家元首和政府首脑不多、级别不高导致成果有限。G20 峰会中主要经济体的元首和主要国际经济组织的领导人全部参加，在峰会上迅速达成共识并且落实了联合救市的具体行动。由最高领导人参加的峰会是目前最高效的多边外交形式。联合国在应对金融危机中没有在第一时间快速采取实质性行动，这限制了其在全球经济治理中发挥重要的作用。未来在全球经济治理中，联合国需要提高快速反应能力，采取更加务实的措施推动国际合作。

第三，联合国在应对 2008 年金融危机的全球经济治理中缺乏与其他国际机构的有效合作。在全球化时代，共同迎接挑战、化解危机是各国际行为体的责任，与此同时，单个国家或国际组织根本无法应对金融危机等这些极具挑战性的问题。在应对2008年金融危机过程中，联合国与其他国际机构缺乏高效、深入的合作。例如，联合国秘书长应邀参加了G20的历次峰会，联合国推动的主要议题在G20峰会上得到广泛商讨，但是除此之外再无其他实质性合作。2010年10月4日，联合国秘书长潘基文在参加G20首尔峰会前就G20峰会发表了看法，认为联合国和G20并不是竞争关系，而应该向优势互补、相互合作的方向发展。例如，全球经济治理中，联合国与G20理念相同，都倡导以合作的方式解决危机，实现可持续发展，在机构和机制上，联合国与G20具有互补性。联合国与其他机构进行合作不仅有必要性，也具备了一定的现实条件。在全球经济治理中，联合国仅仅依靠自身机构和资源难以发挥重要作用，需要与其他机构开展深入合作。

第三节　联合国的发展治理——以千年发展目标为例

（一）联合国为推动实现千年发展目标所做的努力

2000年9月，在联合国千年首脑会议上，当时的189个会员国与会并通过了《千年宣言》（联合国大会第55/2号决议）。《千年宣言》为人类发展制定了八项具体目标，即消灭极端贫穷和饥饿；普及小学教育；促进男女平等并赋予妇女权利；降低儿童死亡率；改善产妇保健；与艾滋病毒/艾滋病、疟疾和其他疾病作斗争；确保环境的可持续能力；全球合作促进发展。这些目标和指标被置于全球议程的核心，统称为千年发展目标。这是一项旨在将全球贫困水平在2015年之前降低一半（以1990年的水平为标准）的行动计划。千年发展目标自通过以来，已经获得国际社会的广泛认同，具备广阔发展前景，并成为联合国发展行动的总体框架。对千年发展目标，各会员国政府积极参与其中，同时联合国相关机构也共同参与，联合国千年发展目标合作伙伴包括联合国开发计划署、世界银行、联合国儿童基金会、联合国近东巴勒斯坦难民救济和工程处、非洲经济委员会、欧洲经济委员会等35家机构。另外，一些非政府组织和国际知名人士也加入了千年发展目标的活动。

《千年宣言》体现了联合国会员国的共同理想，即创建一个更和平、更繁荣和更公正的世界，人人都能生活得更好、更安全。千年发展目标确立后，各会员国为实现本国目标而努力，联合国监督会员国实现千年发展目标的进程，一方面监督发达国家为发展中国家实现目标提供必要的帮助，另一方面监督发展中国家的计划。联合国大会2000年12月18日第55/162号决议和2001年12月14日第56/95号决议请秘书长就联合国系统和各会员国执行《千年宣言》所取得的进展编写年度报告。联合国从2002年起公布联合国《千年宣言》执行情况，提醒各会员国关注千年发展目标实现过程中的问题。

作为千年首脑会议成果的后续行动，2001年9月6日，联合国大会通过了秘书长的报告《执行<联合国千年宣言>的行进图》。该报告全面论述《千年宣言》所载的各项目标和承诺，提出行动途径并交流关于“最佳做法”的资料。针对千年发展目标的每一个目标，报告都提出了具体行动策略。对于第一个目标“消灭极端贫穷和饥饿”，报告提出确保支持由国家主导的以减贫为重点的经济和社会倡议，加强提供基本社会服务的能力，协助进行有关贫困评析、监测和规划的能力建设；确保粮食、农业贸易和整体贸易政策有助于通过采用公平、公正的世界贸易制度，促进人人享受粮食安全，优先支持个体农户努力提高环境意识并推广低成本的简单技术；支持进行旨在实现人人享有安全饮水和卫生的能力建设，推动增加这方面的投资。对于第二个目标“普及小学教育”，报告提出敦促国家决策者把女童的教育当作实现普及初级教育的一项战略，并将其本身当成目标；敦促各国政府、社区和国际社会承诺拿出大量资源用于教育，如修建校舍、购置书本和聘用教师；使教育体制能适合女童，特别是穷家女童的需求；支持采用能吸引女童入学的校餐方案和带口粮回家方案。对于第三个目标“促进男女平等并赋予妇女权利”，报告提出敦促人们在产妇死亡率、艾滋病毒/艾滋病的预防性教育等领域做出更大努力；倡导在就业方面增强妇女权利和能力；支持妇女成为政府及其他决策机构的高级官员；通过增加青年人教育和职业培训方面的投资，确保可就业能力；给予男女青年同样的机会，确保机会平等；使创业和营业程序更加简便，便利企业经营。对于第四个目标“降低儿童死亡率”和第五个目标“改善产妇保健”，报告提出制定或增订有关安全孕产的国家政策、标准和管理机制，建立制度以确保其得到执行；在社区推广有助于安全孕产和降低五岁以下儿童死亡率的适当做法；监测产妇和新生儿的保健状况和能否得到服务的情况；支持免疫和疫苗接种方案，并支持使用口服体液补充疗法、营养和饮水及卫生措施。对于第六个目标“与艾滋病毒/艾滋病、疟疾和其他疾病作斗争”，报告提出实现用于艾滋病毒/艾滋病的总开支达70亿至100亿美元的目标，这些资金来自各个渠道，包括受影响的国家；敦促国际社会支持全球艾滋病和健康基金；加强卫生保健系统，处理对提供包括抗反转录病毒药物在内的艾滋病毒相关药品及其价格和人们的负担能力产生影响的因素；支持和鼓励地方社区参与对此类疾病的宣传；敦促各国政府将更大比例的资源用于较贫困地区的基础社会服务；支持与私营部门和其他伙伴结成合作关系的其他计划的发展。对于第七个目标“确保环境的可持续能力”，报告提出拟订一个明确框架，嘉奖减少温室气体排放量的自愿行动，以此诱发私营部门的自愿倡议；鼓励有助于降低穷人的脆弱性并加强其应对气候变化不利影响的适应能力的倡议；鼓励新的伙伴关系并加强机构以因应气候变化的不利影响；支持多学科和部门间伙伴关系，改善关于自然灾害原因的科学研究，更好地开展国际合作以减轻诸如厄尔尼诺和拉尼娜等气候变化的影响；发展预警、脆弱性勘测技术的转让和培训；鼓励各国政府解决大城市、位于高风险地区的住区及灾害的其他人为因素所造成的问题；鼓励各国政府将减少灾害风险纳入国家规划进程。对于第八个目标“全球合作促进发展”，报告提出发达国家要实现提供相当于其国民生产总值（GNP）0.7%的官方发展援助的目标；将用在发展方面的官方发展援助和用在人道主义援助方面的官方发展援助区分开来，以免发生为了人道主义援助而减少发展援助的情况；捐助国要将官方发展援助分配给最需要援助的国家以及制定了有效减贫政策的国家；加强努力将贸易政策纳入各国的消灭贫穷发展政策；帮助最不发达国家进行贸易政策以及关税、海关、投资等相关领域的能力建设；继续努力实现最不发达国家除武器之外的所有产品免税、免配额进入市场的目标；帮助最不发达国家改进其生产和出口能力；简化行政程序和各种手续；继续改善针对最不发达国家的普遍优惠制。①

千年发展目标提出后得到了国际社会的热烈响应，联合国充分发挥国际合作平台的作用，促成主权国家、国际组织和私营部门为实现千年发展目标进行合作。为解决发展中国家的筹资问题，发展筹资问题国际会议于2002年3月18日至22日在墨西哥蒙特雷召开。这是首次由联合国主持讨论财政与发展关键问题的会议，参加会议的有50位国家元首或政府首脑、200多位部长、私营部门和民间社会的领导人，以及所有主要政府间金融、贸易、经济和货币组织的高级官员。与会各方通过了最后文件《蒙特雷共识》，为全球处理发展筹资问题描绘了新的蓝图。在《蒙特雷共识》中各方强调，世界各国携手共同应对全球特别是发展中国家的发展筹资挑战，迈向各方参与的、公平的全球经济体系，消除贫困，实现可持续发展。为实现联合国千年首脑会议提出的消除贫困、改善社会情况、提高生活水平和保护环境等各项目标筹集资金，创造所需要的国内与国际经济条件，是确保21世纪成为所有人都实现发展的世纪而迈出的第一步。文件提出了实现这些目标的原则，包括发达国家与发展中国家建立新的伙伴关系，实行适当的政策，实施法制和有效的管理，调动国内资源，吸收国外投资，促进国际贸易，增加官方援助，减轻发展中国家的外债负担等。文件指出，全球化既带来机遇也带来挑战，在全球化过程中，一些发展中国家和经济转型国家发生严重困难。全球化应具有包容性和平等性，要在这些国家的充分参与下，帮助它们把握机遇，应对挑战。文件强调联合国要落实会议达成的

① 《执行<联合国千年宣言>的行进图》，联合国文件A/56/326，第80－96段。

共识和做出的承诺。

联合国开展了一系列的活动以促进千年发展目标的实现。2002年，联合国秘书长安南启动了“千年项目”，目标是制定一项具体的行动计划，以便在全球范围内实现千年发展目标和减轻影响几十亿人口的贫穷、饥饿和疾病问题。“千年项目”由十个工作队①、秘书处以及来自学术界、各国政府、联合国各机构、国际金融机构、非政府组织、捐助机构以及私营部门的参与者创建了一个包括很多国家、学科和组织的全球性发展人员和专家网络。他们通过调查研究收集一手资料和各国成功的经验和成熟的做法，就发展问题向联合国秘书长提出建议。

2005年，由杰佛里·萨克斯教授领导的独立咨询机构将其最终建议拟成一份综合报告《为发展投资：实现千年发展的实用计划》，提交给了秘书长。报告中对如何应对发展问题提出了十项建议。

第一，发展中国家政府应采用十分大胆的发展战略，实现千年发展目标确定的2015年的具体目标，称之为基于千年发展目标的减贫战略。为遵守2015年这一最后期限，我们建议各国于2006年前出台这些战略。如果减贫战略文件已经出台，这些战略应与千年发展目标协调一致。

第二，基于千年发展目标的减贫战略应确保扩大公共投资、能力建设、国内资源调集和官方发展援助的规模。这些战略也应为加强善政、促进人权、吸引公民社会和促进私营部门发展提供一个框

① 十个工作队分别是：贫穷和经济发展研究工作队，饥饿问题工作队，教育和两性平等问题工作队，儿童健康和产妇健康问题工作队，艾滋病毒/艾滋病、疟疾、结核病及取得基本医药机会问题工作队，环境可持续能力问题工作队，供水与环境卫生问题工作队，改善贫民窟居民生活问题工作队，贸易问题工作队，科学、技术和创新问题工作队。

架。基于千年发展目标的减贫战略应该：对在2015年前实现千年发展目标所需的投资和政策进行评估；阐明未来三到五年的详细投资、政策和预算；侧重于农村生产力、城市生产力、保健（包括性健康和生殖健康）、教育、两性平等、供水、环境卫生设施、环境的可持续能力，以及科学、技术和创新；侧重于妇女的保健和教育，和她们取得经济和政治机会的权利、管理资产的权利以及免遭暴力的自由；倡导透明和分权管理的机制；包括扩大规模的业务战略，如培训和留住熟练工人；让民间社会组织参与决策和提供服务，并为它们提供资源，以支持监测和评估；概述促进私营部门发展战略以及针对穷人的创收战略；酌情调整，以适应内陆国家、小岛屿国家、最不发达国家和脆弱国家的特殊需要；在2015年以前调集更多国内资源，达到国民生产总值的大约4个百分点；计算对官方发展援助的需要量；说明与国家决定相适宜的、结束对援助的依赖的“退出战略”。

第三，发展中国家政府应与民间社会、国内私营部门和国际伙伴密切合作，以透明的、具有包容性的程序制订和执行基于千年发展目标的减贫战略。非政府组织等民间社会力量应积极参与制订政策、提供服务和监测进展。私营部门的公司和组织应积极促进政策制订、透明倡议，并在适当时积极促进公私伙伴关系。

第四，国际捐助者应为在2005年迅速扩大官方发展援助的规模，确定至少十几个千年发展目标“快行道”国家，同时承认很多国家已经能够在善政和较强吸收能力的基础上接受大量增加的援助。

第五，发达国家和发展中国家应在2005年共同启动一组“速赢行动”，以挽救数以百万计的生命，改善他们的生活并促进经济增长。它们也应大力增加社区一级的专门知识。“速赢行动”包括但不限于：免费大量分发防疟疾蚊帐和高效抗疟疾药物，确保疟疾传播地区的所有儿童到2007年年底都能在蚊帐中睡觉；至迟于2006年年底停收小学学费和基本保健服务费用，在必要时用捐助国增加的援助偿付；成功地完成“3×5运动”，以便在2005年年底以前使发展中国家的300万名艾滋病患者接受抗逆转录病毒治疗；扩大校餐方案，至迟于2006年年底使饥馑地区的所有儿童都能吃上本地产的粮食；至迟于2006年年底对小农已经贫瘠的土地大量补充肥料，办法是免费发放化肥或提供高额补贴的化肥，以及农林间作。社区工作人员大规模培训方案应旨在确保2015年以前每一个当地社区都拥有：保健、教育、农业、营养、供水、环境卫生、基础设施和环境管理方面的专门知识，政府部门管理领域的专门知识，促进两性平等和参与的适当培训。

第六，发展中国家政府应使国家战略与非洲发展新伙伴关系和加勒比共同体（及共同市场）等区域倡议协调一致，区域集团应接收捐助者为区域项目增加的直接支持。区域发展集团应该：得到支持，以查明、规划和执行高度优先的跨界基础设施项目（公路、铁路）；接受捐助者的直接帮助，以执行这些跨界项目；制订并执行促进良好做法和审议的机制。

第七，高收入国家应将官方发展援助从2003年占捐助国国民生产总值0.25%提高到2006年的约占0.44%以及2015年的约占0.54%，以便支持千年发展目标，同时提高官方发展援助的质量。每个捐助国应不迟于2015年达到0.7%，以支持千年发展目标及其他需要；应扩大债务减免的范围和数额；官方发展援助应基于实现千年发展目标的实际需要，以及各国有效利用官方发展援助的准备情况；一个国家承受债务负担能力的评估标准应与实现千年发展目标相一致；援助应定位于支持基于千年发展目标的减贫战略，而不是支持捐助国推动的项目；捐助国应计量并报告在其官方发展援助中支持实际扩大与千年发展目标有关的投资的比例；中等收入国家也应寻求成为官方发展援助提供国的机会，并为低收入国家提供技术支持。

第八，高收入国家应通过多哈贸易回合向发展中国家的出口产品开放市场，并通过投资于与贸易有关的关键基础设施，包括电力、公路和港口，协助最不发达国家提高出口竞争力。应执行多哈发展议程，不迟于2006年完成多哈回合谈判。

第九，国际捐助者应动员各方支持全球科学研究和发展，以便解决穷国在保健、农业、自然资源管理、环境管理、能源和气候领域的特殊需要。杰佛里·萨克斯教授领导的独立咨询机构估计，到2015年，一年的需要总金额约为70亿美元。

第十，联合国秘书长和联合国开发计划署应加强联合国各机构、基金和方案在总部和国家一级的协调，以支持千年发展目标；应加强联合国国家工作队，它们应同国际金融机构密切合作，为千年发展目标提供支助；应为联合国国家工作队配备适当人员并提供充足资金，以支持方案国实现千年发展目标；联合国国家工作队和国际金融机构（世界银行、国际货币基金组织、区域发展银行）应在国家一级密切合作，提高技术咨询意见的质量。①

该报告对广大发展中国家、发达国家和联合国实现千年发展目标提出了具体建议。

---

① Investing in Development：A Practical Plan to Achieve the Millennium Development Goals，http：//www.unmillenniumproject.org/documents/MainReportComplete－lowres.pdf.

2005年9月14日至16日，170多个国家和政府首脑参加了在纽约联合国总部举行的世界首脑会议。各国首脑在会议上就发展、安全、人权和联合国改革等领域做出决策，并交流了各国在实现千年发展目标方面取得的进展。经过谈判，发达国家和发展中国家最后达成共识通过了成果文件。文件重申每个国家都必须为本国的发展承担首要责任，并决定通过增加发展援助，促进国际贸易以推动发展，按照彼此商定的条件转让技术、增加投资、更加广泛深入地减免债务，支持发展中国家制订和落实国家发展政策和战略；大量增加及时高效的援助，支持发展中国家，帮助它们实现千年发展目标等国际社会商定的发展目标。报告欢迎非洲国家在履行承诺方面取得的实质性进展，强调必须贯彻执行非洲发展新伙伴关系，促进可持续增长和发展，深化民主，促进人权、提高治理水平达到善治目标、健全经济管理及两性平等，鼓励非洲国家在民间社会和私营部门参与下继续努力，并欢迎非洲的合作伙伴，包括八国集团和欧洲联盟，做出支持非洲发展努力的决定，包括承诺到2010年，对非洲的官方发展援助会每年增加250亿美元。报告中各国再次承诺设法满足非洲的特殊需要，使到2015年时，唯一未准备就绪、无法实现任何《千年宣言》目标的该大陆融入世界经济主流。报告对支持非洲国家实现千年发展目标提出了具体建议，决定加强与非洲发展新伙伴关系框架的配合，协调一致地支持非洲领导人在该框架内制定的各项方案。这包括调动内部和外部财政资源和促使多边金融机构核准这些方案；支持非洲的承诺，确保到2015年时所有儿童都能接受完整、免费、优质的小学义务教育和得到基本保健服务；支持建立一个国际基础设施贷款团，由非洲联盟、世界银行和非洲开发银行参加，并以非洲发展新伙伴关系为主要框架，促进非洲公共和私人基础设施的投资；促成一项全面、持久解决非洲国家外债问题的办法，包括按照八国集团提出的帮助重债穷国的建议，取消全部多边债务，并在个案基础上，酌情大幅度减免债务，尤其是取消重债穷国倡议中未列入、但背负不可持续债务负担的重债非洲国家的债务，或重组这些国家的债务；努力帮助非洲国家完全融入国际贸易体制，包括为这些国家制定目标明确的贸易能力建设方案；支持对商品依赖度高的非洲国家努力调整商品结构，实现商品多样化，提高商品部门的竞争力，并决定努力制订以市场为基础的、有私营部门参与的商品价格风险管理安排；辅助非洲国家单独或集体做出的努力，按照非洲发展新伙伴关系的《非洲农业发展综合方案》，使这些国家在非洲“绿色革命”中，以可持续的方式提高农业生产力；鼓励并支持非洲联盟和次区域组织采取主动行动，在联合国协助下防止、调解和化解冲突，在此方面，欢迎八国集团国家提出的支持在非洲维持和平工作的建议；在非洲实现没有艾滋病、疟疾和结核病患者的一代，为此提供预防和照顾援助，以便尽可能实现到2010年在非洲国家普及艾滋病毒/艾滋病治疗的目标，鼓励制药公司向非洲提供人们买得起的药物，包括抗反转录病毒药物，并确保增加双边和多边援助，尽可能是赠款援助，通过加强保健系统，帮助非洲防治疟疾、结核病和其他传染病。在会议成果文件中将实现两性平等和增强妇女权能确立为共同目标。①

2008 年 9 月 25 日，千年发展目标高级别会议在纽约举行，政府、基金会、企业和民间团体积极响应“到 2015 年削减贫困，饥饿和疾病的”行动号召，宣布新的承诺，以实现千年发展目标。联合

① 《2005 年世界首脑会议成果》，联合国文件 A/RES/60/1，第 22 – 68 段。

国秘书长潘基文指出，那次聚会“超出了我们最乐观的预期”，筹集到160亿美元承诺，其中包括约16亿美元用于加强食品安全，超过45亿美元用于教育和30亿美元用于防治疟疾。2010年9月，联合国召开千年发展目标首脑会议，各国承诺将借助会议成果文件中确定的行动议程、政策和战略，尽一切努力到2015年实现千年发展目标。会议期间发起了一系列为妇女和儿童的健康及其他消除贫困、饥饿和疾病的新承诺。这次高级别会议提供了一个重要论坛，以便世界各国领导人和所有利益攸关方对于国际社会、民间社会组织和私营部门需要采取哪些行动实现千年发展目标，重申共同的看法。在此次会议上，联合国、部分会员国和一些国际组织都对实现千年发展目标提出了承诺，为各国政府、民间社会和私营部门提供了机会，借以审查和加强其承诺，以及启动新的举措、伙伴关系和联盟，以便在未来数年内承担众多艰巨任务，确保到2015年实现千年发展目标。高级别活动的成果，包括会外活动中做出的承诺，可为会员国和所有其他利益攸关方提供一个采取行动来实现千年发展目标的平台。

2008年11月，联合国发展筹资问题后续国际会议在卡塔尔首都多哈召开，共有145个国家的国家元首、政府首脑、部长和来自国际组织、私营部门的共1000多名代表出席了会议。会议最后通过了《蒙特雷共识》执行情况的评估结果报告。与会人员对2002年联合国在墨西哥蒙特雷通过的有关发达国家向南部贫穷国家提供援助的《蒙特雷共识》的执行情况进行了评估，讨论了执行中的制约因素和挑战。联合国相关机构、世界银行和国际货币基金组织还同与会代表举行了多轮圆桌会议，探讨了今后国际金融机构的改革问题。会议的评估结果报告强调，本次会议重申，将本着全球伙伴关系和团结的精神，应对发展筹资的挑战。在建立一个充分包容和公平的全球经济体系之际，与会国家再次承诺消除贫穷，实现持久的经济增长，并促进可持续发展。报告说，联合国会员国重申该共识内容的完整性，确认调动并有效利用财政资源是全球合作促进发展，以实现千年发展目标的关键。报告认为，发展中国家间的贸易已成为世界贸易中最强劲的因素，要继续以国际贸易作为发展的推动力。报告还呼吁增加各国间的财务和技术合作，发达国家应减免贫困国家债务，以提供技术援助的方式解决债务问题。

2008 年，金融危机爆发对千年发展目标的实现产生了不利影响：发达国家经济下滑，对发展中国家的援助承诺未能兑现；发展中国家出口受阻，在发展领域的投入减少。千年发展目标在金融危机背景下艰难推进。到了 2010 年，距离 2015 年的目标最后实现期限也仅有五年之遥，在此关键时刻联合国召开首脑会议进一步激励承诺、加快实现目标的进程。2010 年 9 月 20 日，联合国大会高级别全体会议又称千年发展目标联合国首脑会议召开，世界各国领导人齐聚纽约，协力加快解决贫穷问题。

会议通过了成果文件《履行诺言：团结一致实现千年发展目标》。成果文件评估了千年发展目标取得的进展和面临的挑战。成果文件认为，千年发展目标尽管遭受挫折，包括金融和经济危机导致的挫折，但是正在取得进展，包括在消除贫困方面取得进展。发展中国家为实现千年发展目标已做出重大努力，并在实现千年发展目标的某些指标方面取得重大成就。在消除极端贫困，改善学校入学率和儿童保健，降低儿童死亡率，扩大获得清洁饮水途径，改善母婴传播艾滋病毒的预防，扩大获得艾滋病毒/艾滋病预防、治疗和护理途径，以及控制疟疾、结核病和被忽视的热带疾病方面，已经取得成功。在实现千年发展目标方面还要做出更多的努力，因为各区域之间、国家之间和国家内部的进展不平衡。2007 年至 2009 年饥饿和营养不良再次上升，先前的进展出现了部分逆转。实现所有人的充分生产性就业和体面工作，推进两性平等和增强妇女权能，实现环境可持续性，提供基本卫生设施，在这些方面的进展一直十分缓慢。新的艾滋病毒感染仍然超过了开始治疗的人数。在降低孕产妇死亡率和改善产妇保健和生殖保健方面的进展缓慢，这尤其值得关注。其他千年发展目标的进展十分脆弱，必须努力保持，以避免发生逆转。①

成果文件还提出了实现千年发展目标的行动议程。成果文件认为，促进和加强国家对发展的领导权，这是在实现千年发展目标方面取得进展的关键因素，同时，每个国家对自身发展承担主要责任，鼓励所有国家根据国情，继续设计、实施和监测针对其具体情况的发展战略，包括通过所有相关利益攸关方的广泛协商和参与；呼吁联合国系统和其他发展行为体，应会员国的请求，支持这些战略的设计和实施；呼吁发达国家迅速履行在《蒙特雷共识》和《多哈宣言》中做出的承诺。根据这些承诺，短期流动性、长期发展筹资和赠款，将用于帮助发展中国家适当应对其优先发展重点。在共同努力实现增长、消除贫困和可持续发展方面，一个关键的挑战是要确保调动国内公共和私人资源的必要内部条件，维持适当水平的生产性投资并提高劳动生产率。国际私人资本流动，特别是外国直接投资，以及国际金融的稳定，是对国家和国际发展努力的重要补充。

① 《履行诺言：团结一致实现千年发展目标》，联合国文件 A/65/L. 1，第 19 – 35 段。

成果文件强调，国际金融机构需要进一步改革和现代化，以使它们能够应对和防范金融和经济紧急情况，有效地促进发展，更好地服务于会员国的需要。成果文件重申，加强发展中国家在世界银行和国际货币基金组织的发言权和代表权至关重要，已注意到世界银行进行的改革和国际货币基金组织朝这个方向取得的进展。成果文件呼吁加强各个级别的努力，增进发展政策的连贯性。在成果文件中各国申明，要实现千年发展目标，必须在可持续发展的经济、社会和环境的广泛问题上制订相互支持和一体化的政策。成果文件呼吁所有国家制订和实施符合持续、包容各方和公平的经济增长、消除贫困和可持续发展目标的政策。①

2013 年 9 月 23 日，联合国秘书长举办了高级别论坛，为促进和加快实现千年发展目标采取进一步行动。论坛的重点在于推广成功案例。2013 年 9 月 25 日，联合国大会主席主持了关于检查在实现千年发展目标方面所做的努力的特别活动，通过了《关于继续推进实现千年发展目标努力的特别会议成果文件》。成果文件主要包括两方面内容。一方面是总结千年发展目标进展情况。成果文件认为，“我们重申致力于实现千年发展目标，并决心加倍努力，到 2015 年实现这些目标。在实现若干具体目标方面取得了实质性巨大进展，在取得成就方面仍不均衡，仍有差距，存在着各种巨大挑战。在发展中国家内部和发展中国家之间，那些落在最后者最需要我们紧急关注，予以支持。我们强调加强全球发展伙伴关系的核心作用。我们确认国家自主权的重要性，强调要到 2015 年实现千年发展目标，国家做

① 《履行诺言：团结一致实现千年发展目标》，联合国文件 A/65/L.1，第 36 - 41 段。

出的努力需要得到国际支持，需要有有利的国际环境。要动员和有效地使用公共和私营、国内和国际所有资源，这一点至关重要。我们呼吁刻不容缓地履行依照全球发展伙伴关系所做的所有承诺，以消除千年发展目标差距工作队报告所述的各种差距。我们强调有必要加速取得进展，实现到 2015 年将 0.7% 的国民总收入用于官方发展援助这一目标，包括将 0.15% 到 0.2% 用于最不发达国家。我们呼吁发达国家刻不容缓地履行其单独或集体做出的官方发展援助承诺。另一方面，各会员国领导人重申实现千年发展目标的承诺，同意于 2015 年 9 月举行高级别首脑会议，确立一系列新目标。这些目标将建立在千年发展目标所奠定的基础之上，同时也将应对新的挑战，平衡可持续发展的三大要素，为帮助人们摆脱贫困提供经济转型和机遇，促进社会正义及保护环境。我们今天决定在大会第 69 届会议开始时启动一项政府间谈判进程，这一进程的目标是通过 2015 年后发展议程。”①

随着 2015 年的到来，千年发展目标到了最后冲刺和总结阶段。联合国秘书长潘基文于 2015 年 7 月 6 日在纽约发表了千年发展目标最终报告，报告总结了千年发展目标实施以来取得的成就和不足，并规划了下一步目标。报告称，千年发展目标产生了有史以来最为成功的脱贫运动，将成为拟于 2015 年通过的新的可持续发展议程的起点。《千年发展目标 2015 年报告》称，15 年来，世界各地为实现 2000 年《千年宣言》中设定的八项宏伟目标所付出的努力基本上是成功的，同时也承认仍有不足。报告中的数据和分析表明，利用有

① 《关于继续推进实现千年发展目标努力的特别会议成果文件》，联合国文件 A/68/L.4，第 4－20 段。

针对性的干预措施、合理的战略、充分的资源和政治意愿，即使是最贫穷的国家也能够取得进展。千年发展目标证明，设定目标可使数百万人脱贫，增强妇女和女童的权利和能力，改善健康和福祉，为过上更好的生活提供大量新的机会。仅仅在20年之前，发展中世界有将近一半的人生活在极端贫困中。目前，生活在极端贫困中的人数已减少了一半以上，从1990年的19亿降至2015年的8.36亿。自设立千年发展目标以来，教育领域性别平等的显著改善；大多数国家已实现了小学教育性别均等。女童入学就读人数越来越多，过去20年以来，在有数据的174个国家中，有近90%国家的妇女在议会中的代表性也日益增大。同期，妇女在议会内的平均比例增加了近一倍。5岁以下儿童死亡率降低了一半以上，每千名新生儿中的死亡人数从1990年的90人降至43人。数据显示，全球孕产妇死亡率下降了45%，主要的下降发生在2000年以后。用于与艾滋病毒/艾滋病、疟疾和其他疾病做斗争的有针对性的投资带来了前所未有的成果。2000年至2015年间，有超过620万人避免死于疟疾，在2000年至2013年间，预防、诊断和治疗结核病的干预措施拯救了约3700万人的生命。自1990年以来，全世界又有21亿人可使用经改善的卫生设施，露天便溺者的比例几乎减半。2000年至2014年间，来自发达国家的官方发展援助按实际值计算增加了66%，达到1352亿美元。虽然千年发展目标取得了令人瞩目的成就，但是仍然存在明显的不足。报告强调，虽然全世界在多个千年发展目标方面取得了显著成绩，但各地区和各国之间的进展并不均衡，存在巨大差距。冲突仍然是人类发展的最大威胁，脆弱和受冲突影响的国家通常面临的贫困率最高。尽管妇女在议会的代表性增加，越来越多的女童入学，但性别不平等依然存在。妇女在获得工作、经济资产和参与私人和公共决策方面仍然面临歧视。尽管在千年发展目标的推动下取得了巨大进展，但约有 8 亿人仍生活在极度贫困中，遭受饥饿。来自最贫穷的 20% 家庭的儿童发育迟缓的可能性是来自最富有 20% 家庭的儿童的两倍以上，前者失学可能性是后者的 4 倍。在受冲突影响的国家，失学儿童的比例从 1999 年的 30% 增至 2012 年的 36%。在环境方面，自 1990 年以来，全球二氧化碳排放量增加了 50%，此外，水资源短缺目前影响世界 40% 的人口，预计受影响人口还会增加。关于新的可持续发展议程，报告称，世界各国领导人一直呼吁用一个宏伟的长期可持续性议程来继承千年发展目标。在千年发展目标所取得成功和势头的基础上，新的全球目标也将矢志于在不平等、经济增长、体面的就业机会、城市和人类住区、工业化、能源、气候变化、可持续消费和生产、和平与正义领域开辟新的天地。联合国秘书长潘基文说："即将出台的 2015 年后发展议程，包括一套可持续发展目标，力争立足于我们的成功，团结所有国家，坚定地迈向更加繁荣、可持续和公正的世界。"①

为了在 2015 年 9 月联合国大会达成 2015 年后全球可持续发展议程，联合国提前推动一些领域的谈判并取得了重大进展。2015 年 7 月 15 日，在埃塞俄比亚首都亚的斯亚贝巴进行的联合国第三次发展筹资问题国际会议取得历史性突破，来自 193 个联合国会员国的与会代表经过谈判，正式就大会成果文件《亚的斯亚贝巴行动议程》（Addis Ababa Action Agenda）达成一致，其中包括一系列旨在彻底改革全球金融实践并为解决经济、社会和环境挑战而创造投资的大

---

① 《千年发展目标的成功是迈向新的可持续发展议程的跳板》，参见 http://www.un.org/zh/millenniumgoals/pdf/MDG%202015%20Press%20Release_ Chinese.pdf。

胆措施。经过联合国会员国长达数月的谈判，《亚的斯亚贝巴行动议程》正式得到通过，标志着在促进普遍和包容性的经济繁荣、提高人民福祉的同时保护环境方面加强全球合作伙伴关系的一个新的里程碑。出席大会的联合国秘书长潘基文对这一重要进展表示欢迎。他说，这项协议是为所有人建设一个可持续发展的未来进程中向前迈出的关键一步，它提供了资助可持续发展的全球框架。潘基文表示，此次亚的斯亚贝巴会议所取得的成果将为振兴可持续发展全球伙伴关系、确保实现“不让任何一个人被全球发展落下”的目标奠定重要的基础。本次发展筹资问题国际会议是联合国在 2015 年举办的三个关键会议之一，能够让全世界走上一条通往繁荣和可持续发展未来的前所未有的路径，其成果同时将提供一个强有力的基础，以推动各国在 2015 年 9 月于纽约达成 2015 年后全球可持续发展议程，并在年底于巴黎达成具有普遍法律约束力的减少全球碳排放的新协议。大会成果文件《亚的斯亚贝巴行动议程》中包含 100 多个具体的措施，以支持可持续发展目标的落实，其中涉及发展融资的所有来源，并涵盖了在包括技术、科学、创新、贸易和能力建设等一系列问题上进一步加强国际合作的政策建议。联合国负责经济和社会事务的副秘书长兼第三次发展筹资问题国际会议秘书长吴红波表示，这一历史性协议标志着一个国际发展合作的转折点，将为新的具有变革性的可持续发展议程带来必要的投资，并改善世界各地民众的生活。他强调指出，积极调动国内资源是《亚的斯亚贝巴行动议程》的核心内容。在成果文件中，各国就旨在扩大财政收入基础、提高税收征管、打击逃税和非法资金流动的一揽子措施达成了一致，同时重申了加强官方发展援助和“南南合作”的承诺，尤其是针对最不发达国家。《亚的斯亚贝巴行动议程》在科技、基础设施、社会保障、卫生、微型及中小型企业、外国援助、税收、气候变化以及针对最贫困国家的一揽子援助措施方面均提出了新的举措，其中包括建立“技术促进机制”和“全球基础设施论坛”等。同时，发达国家重申了将其国民生产总值的0.7%用于官方发展援助的承诺，包括将国民总收入的0.15%至0.2%作为对最不发达国家的官方发展援助；发达国家还承诺扭转向最贫穷国家提供援助下降的趋势，欧盟承诺到2030年将向最不发达国家提供的援助增加到其国民总收入的0.2%。此外，行动议程呼吁发达国家落实承诺，在2020年前通过广泛渠道联合调集1000亿美元，以满足发展中国家在适应和减缓气候变化影响方面的需求。

（二）小结

千年发展目标在联合国的推动下取得了史无前例的成功，2015年截止日期到来之前千年发展目标多数已经实现，而且2015年后全球可持续发展议程也在有条不紊地推进。联合国在千年发展目标方面取得的成功经验值得总结推广，总结起来主要有以下几个方面。

第一，目标明确。千年发展目标在启动之初就明确了非常具体的目标，而且目标具有针对性考虑了不同国家的实际情况。在有些领域甚至是确立了量化目标，例如在“目标四”降低儿童死亡率方面将5岁以下儿童死亡率降低2/3。千年发展目标考虑到有些国家的特殊情况，例如“目标八”制订促进发展的全球伙伴关系方面，满足最不发达国家的特殊需要，满足内陆发展中国家和小岛屿发展中国家的特殊需要。正是这些具体并且具有针对性的目标为千年发展目标的成功奠定了基础。联合国在其他领域的治理没有达到预期目标，一个重要的原因就是在行动之初的目标不明确、不具体。

第二，推进有力。联合国确立了千年发展目标之后，采取一系列有效行动确保在2015年完成预期目标。2000年联合国千年首脑会议上通过《千年宣言》确立千年发展目标后，2002年联合国秘书长启动了“千年项目”制定具体的行动计划；2005年联合国召开世界首脑会议交流了各国在实现千年发展目标方面取得的进展；2008年在千年发展目标时间过半之际，联合国召开了千年发展目标高级别会议宣布了新的承诺；2010年联合国召开了千年发展目标首脑会议，各国承诺将借助会议成果文件中确定的行动议程、政策和战略，尽一切努力到2015年实现千年发展目标；2013年9月25日，联合国大会主席主持了关于检查在实现千年发展目标方面所做的努力的特别活动，在最后截止日期到来之前加速实现千年发展目标和确立2015年后全球可持续发展议程。另外自确立了千年发展目标以来，联合国召开了三次发展筹资问题国际会议，分别是2002年在墨西哥蒙特雷、2008年在卡塔尔多哈、2015年在埃塞俄比亚首都亚的斯亚贝巴。正是联合国在此期间不断地召开首脑会议和专题会议，推动了千年发展目标的不断推进。

第三，监督有效。为监督各国为实现千年发展目标而推进本国计划并且承担国际义务，联合国每年发布《千年发展目标报告》。《千年发展目标报告》是对全球和区域实现目标进展情况的年度评估，由联合国经济和社会事务部编写，体现了超过28个联合国和国际机构汇编的最全面和最新数据。千年发展目标年度报告让发展中国家了解他国进展，发现本国差距，是督促发展中国家加快推动实现本国战略目标的有效手段；同时也督促发达国家承担援助发展中国家的义务，从而推动国际合作通过全球合作伙伴关系实现千年发展目标。

在实现千年发展目标过程中，联合国主导了整个进程，充分发挥了国际合作平台的作用，推动了会员国、国际组织、私营部门和民间社会在联合国框架下开展广泛的合作，凝聚了国际社会的共识，充分利用了国际社会资源，保障了千年发展目标的成功实施。在实施千年发展目标过程中，联合国真正发挥了世界上最具影响力的国际组织应有的作用，推动了发展领域真正意义上的全球治理，并且在其中发挥了主导作用。

第五章　联合国的环境治理

环境问题目前已经成为影响人类社会可持续发展的重大挑战，由于单个国家无法独立应对，环境治理成为国际合作的重要领域，尤其是气候变化议题成为国际政治的核心议题。在全球环境治理中，整体利益与国家利益，长远利益与短期利益存在冲突，国际组织在协调整体利益与国家利益、长远利益与短期利益中扮演着重要角色。联合国在全球环境治理中发挥着不可替代的重要作用。

第一节　联合国环境治理的相关机构

长期以来，联合国一直将环境治理视为其重要使命之一，在联合国系统有机构及合作机制负责环境事务。

（一）联合国环境规划署

联合国环境规划署（United Nations Environment Programme，简

称 UNEP），中文简称“环境署”，成立于 1972 年，是联合国系统内负责全球环境事务的主要部门和权威机构。联合国环境规划署由一名联合国副秘书长兼环境署执行主任和一名副执行主任负责管理，目前环境署执行主任是联合国副秘书长阿奇姆·施泰纳。环境署总部设在肯尼亚首都内罗毕，是全球仅有的两个将总部设在发展中国家的联合国机构之一。所有联合国成员国、专门机构成员和国际原子能机构成员均可加入环境署。环境署的使命是激发、提倡、教育和促进全球资源的合理利用并推动全球环境的可持续发展。联合国环境规划署的宗旨是：促进环境领域内的国际合作并提出政策建议；在联合国系统内提供指导和协调环境规划总政策，并审查规划的定期报告；审查世界环境状况，以确保可能出现的具有广泛国际影响的环境问题得到各国政府的适当考虑；经常审查国家和国际环境政策和措施对发展中国家带来的影响和费用增加的问题；促进环境知识的取得和情报的交流。联合国环境规划署的主要职责是：贯彻执行环境规划理事会的各项决定；根据理事会的政策指导提出联合国环境治理活动的中、远期规划；制订、执行和协调各项环境方案的活动计划；向理事会提出审议的事项以及有关环境的报告；管理环境基金；就环境规划向联合国系统内的各政府机构提供咨询意见等。

联合国环境规划署的议事机构为理事会，由 58 个成员组成，任期 4 年，可以连任。理事会席位按区域分配如下：亚洲 13 个、非洲 16 个、东欧 6 个、拉美 10 个、西欧及其他国家 13 个。每年改选理事会成员中的半数。环境署于 2013 年 2 月举行了首届普遍成员制的理事会，各国政府一致同意将理事会更名为“联合国环境规划署联合国环境大会”（UNEA）。随后，联合国大会第 67/251 决议正式通过该决定。联合国环境规划署联合国环境大会（UNEA）的作用包括：设置全球环境议程；提供各种政策指导和定义政策反应，应对新兴的环境挑战；进行政策评估、对话和经验交流；为环境署设置战略发展方向；组织多方利益相关者对话；建立合作伙伴关系，实现环境目标和资源共享。

（二）联合国政府间气候变化专门委员会（Intergovernmental Panel on Climate Change，IPCC）

联合国政府间气候变化专门委员会是评估气候变化的国际组织。它是由联合国环境规划署和世界气象组织于1988年建立的，在同一年，联合国大会批准了联合国环境规划署和世界气象组织联合创立政府间气候变化专门委员会。政府间气候变化专门委员会的主要任务是对气候变化科学知识的现状，气候变化对社会、经济的潜在影响以及如何适应和减缓气候变化的可能对策进行评估。它本身不做任何科学研究，而是检阅每年出版的有关气候变化的论文，并每5年出版评估报告，总结气候变化的“现有知识”。它的评估报告成为国际社会认识和了解气候变化问题的主要科学依据。委员会由三个工作小组组成：第一个工作小组负责从科学层面评估气候系统及变化；第二个工作小组负责评估气候变化对人类和环境的影响，以及如何可以减少这些影响；第三个工作小组负责评估限制温室气体排放或缓和气候变化的可能性，即研究如何停止导致气候变化的人为因素，以及如何减慢气候变化。

联合国政府间气候变化专门委员会是一个政府间机构。它对联合国和世界气象组织的所有会员国开放，目前有195个国家是其会员。联合国政府间气候变化专门委员会每年至少召开一次全会，由各国政府代表出席，就主要的工作计划做出决定，并选举包括主席在内的主席团成员。各国政府还在全会上参与报告界定、提名作者、评审过程，以及各项报告的接受、通过和批准。由于其科学研究机构性质和政府间性质，有独特的机会为决策者提供严格和均衡的科学信息。通过批准联合国政府间气候变化专门委员会的报告，各国政府承认其科学内容的权威性。因此，联合国政府间气候变化专门委员会的工作与政策具有相关性，但又保持着中立关系，不对政策做任何指令或规定。

（三）《联合国气候变化框架公约》秘书处

《联合国气候变化框架公约》（United Nations Framework Convention on Climate Change，UNFCCC）是1992年5月9日联合国政府间谈判委员会就气候变化问题达成的公约，于1992年6月4日在巴西里约热内卢举行的联合国环境与发展大会（地球首脑会议）上通过。联合国气候变化大会是世界上第一个为全面控制二氧化碳等温室气体排放，以应对全球气候变暖给人类经济和社会带来不利影响的国际公约，也是国际社会在对付全球气候变化问题上进行国际合作的一个基本框架。《联合国气候变化框架公约》确立了应对气候变化的目标，该公约第二条规定："本公约以及缔约方会议可能通过的任何相关法律文书的最终目标是减少温室气体排放，减少人为活动对气候系统的危害，减缓气候变化，增强生态系统对气候变化的适应性，确保粮食生产和经济可持续发展。该公约没有对个别缔约方规定具体需承担的义务，也未规定实施机制。从这个意义上说，该公约缺少法律上的约束力，但是，规定可在后续从属的议定书中设定强制排放限制。为了实现上述目标，《联合国气候变化框架公约》确立了国际社会应气候变化合作的五条基本原则：“共同而区别”的原则，要求发达国家应率先采取措施，应对气候变化；要考虑发展中国家的具体需要和国情；各缔约国方应当采取必要措施，预测、防止和减少引起气候变化的因素；尊重各缔约方的可持续发展权；加强国际合作，应对气候变化的措施不能成为国际贸易的壁垒。

《联合国气候变化框架公约》组织机构包括四部分：一是缔约方会议，是《公约》最高决策机构。自1995年以来，缔约方每年都召开一次缔约方会议，称为联合国气候变化大会，就公约执行情况做总结；通过决议确定规则；就新的承诺举行谈判。参加历次缔约方会议的除了各缔约国政府之外，还有社会各方代表，包括来自政府间国际组织、非政府组织、地方政府、工会、企业的代表，以及科学家和青年代表等。二是附属科技咨询机构，负责就与《公约》有关的科学和技术事项，向缔约方会议及其他附属机构及时提供信息和咨询。三是附属执行机构，负责协助缔约方会议评估和审评公约的有效履行。四是常设秘书处，作为缔约方会议的执行机构，负责安排会议、准备会议文件、协调公约内外机构的关系。秘书处位于德国波恩，同时也是《京都议定书》秘书处。

第二节　联合国的环境治理——以应对气候变化为例

正在发生的气候变化对人类生活产生了严重的后果，影响了经济社会发展，若不采取有效行动，未来将面临更严峻的挑战与后果。联合国为推动国际社会共同采取行动应对气候变化做出了卓有成效的努力。为了推动国际社会达成关于气候变化协议，长期以来，联合国通过系列会议推动着国际气候谈判。

（一）联合国在应对气候变化方面发挥了不可替代的作用

1979 年，第一次世界气候大会在瑞士日内瓦召开，来自 50 多个国家的约 400 人参加了该会议。气候变化第一次作为一个受到国际社会关注的问题提上议事日程。在这次会议上，科学家警告说，大气中二氧化碳浓度的增加将导致地球升温。大会通过了世界气候大会宣言。宣言指出，粮食、水源、能源、住房和健康等各方面均与气候有密切关系。人类必须了解气候，才能更好地利用气候资源和避免不利的影响。第一次世界气候大会最终推动建立了政府间气候变化专门委员会的建立。1988 年，联合国政府间气候变化专门委员会（IPCC）成立，专门负责评估气候变化状况及其影响等。1990

年，联合国政府间气候变化专门委员会首次发布评估报告，认为持续的人为温室气体排放将导致气候变化。1990 年，联合国政府间气候变化专门委员会和第二届世界气候大会呼吁缔结一个关于气候变化问题的全球条约。在此之后，联合国大会有关框架公约的谈判启动。1991 年，联合国就制定《气候变化框架公约》开始了多边国际谈判。

1992 年，联合国环境与发展大会即地球问题首脑会议在巴西里约热内卢召开，《联合国气候变化框架公约》与《里约公约》、《联合国生物多样性公约》和《联合国防治荒漠化公约》一同开放供各国签署。《联合国气候变化框架公约》于 1994 年 3 月生效，奠定了应对气候变化国际合作的法律基础，是具有权威性、普遍性、全面性的国际框架。目前已有 195 个国家批准了该公约，批准公约的国家被称为公约缔约方。[①] 公约缔约方做出了许多旨在解决气候变化问题的承诺，每个缔约方都必须定期提交专项报告，其内容必须包含该缔约方的温室气体排放信息，并说明为实施公约所执行的计划及具体措施。

1995 年第一次缔约方会议在德国柏林召开。1996 年联合国气候变化框架公约秘书处在德国波恩成立，以支持该《联合国气候变化框架公约》所倡导的行动。1997 年 12 月，第三次《联合国气候变化框架公约》缔约方大会在日本京都举行，通过了《京都议定书》，对 2012 年前主要发达国家减排温室气体的种类、减排时间表和额度等做出了具体规定。这是人类历史上首次以法规的形式限制温室气

---

① 参见联合国网站：http：//www. un. org/climatechange/zh/towards - a - climate - agreement/。

体排放。《京都议定书》目标是将大气中的温室气体含量稳定在一个适当的水平，进而防止剧烈的气候改变对人类造成伤害。根据议定书的减排目标，从2008年到2012年间，主要工业发达国家的温室气体排放量要在1990年的基础上平均减少5.2%，其中欧盟将六种温室气体的排放量削减8%、美国削减7%、日本削减6%。《京都议定书》确立了三个实现减排的灵活机制：联合履约、排放贸易和清洁发展机制。另外，《京都议定书》还确立了四种减排方式。第一，两个发达国家之间可以进行排放额度买卖的“排放权交易”，即难以完成削减任务的国家，可以花钱从超额完成任务的国家买进超出的额度。第二，以“净排放量”计算温室气体排放量，即从本国实际排放量中扣除森林所吸收的二氧化碳的数量。第三，可以采用绿色开发机制，促使发达国家和发展中国家共同减排温室气体。第四，可以采用“集团方式”，例如，欧盟内部的许多国家可视为一个整体，采取有的国家削减、有的国家增加的方法，在总体上完成减排任务。《京都议定书》遵循《联合国气候变化框架公约》制定的“共同但有区别的责任”原则，要求作为历史上温室气体排放大户的发达国家采取具体措施限制温室气体的排放，而发展中国家不承担有法律约束力的温室气体限控义务。2001年，第七次缔约方会议上通过了《马拉喀什协定》，其中详细介绍了《京都议定书》的执行规则，提出开发新型融资和规划方案以适应气候变化，并且制定一个技术转移框架。2005年，《京都议定书》第一次缔约方会议在蒙特利尔召开，《京都议定书》正式生效。根据《京都议定书》要求，缔约方就进一步承诺问题启动了谈判，接受并议定了后来的《关于适应工作的内罗毕工作方案》。

2007年12月，第13次缔约方大会在印度尼西亚巴厘岛举行，会议着重讨论“后京都”问题，即《京都议定书》第一承诺期在2012年到期后如何进一步降低温室气体的排放。大会通过了“巴厘岛路线图”，致力于在2009年底前完成《京都议定书》第一承诺期2012年到期后全球应对气候变化新安排的谈判并签署有关协议。在巴厘岛会议上，各方对《京都议定书》第一承诺期到期后全球应对气候变化的问题进行了激烈讨论，进而出现联合国气候谈判“大管家”、《联合国气候变化框架公约》秘书处执行秘书德布尔“泪洒路线图”的经典一幕。

2009年12月，第15次缔约方会议在丹麦首都哥本哈根举行。根据2007年《巴厘路线图》的规定，哥本哈根会议应该通过一份新的议定书，以代替2012年即将到期的《京都议定书》。如果哥本哈根大会不能达成共识，那么2012年《京都议定书》第一承诺期到期后，全球将没有一个共同文件来约束温室气体排放。因此哥本哈根大会被视为全人类联合遏制全球变暖行动一次很重要的努力，是被喻为“拯救人类的最后一次机会”的会议。会议最终达成不具法律约束力的《哥本哈根协议》。尽管《哥本哈根协议》是一项不具法律约束力的政治协议，但它表达了各方共同应对气候变化的政治意愿，锁定了已达成的共识和谈判取得的成果，推动谈判向正确方向迈出了第一步。同时还提出建立帮助发展中国家减缓和适应气候变化的绿色气候基金。在哥本哈根会议中五大关键问题尚未解决：一是谈判的基础文件；二是减排目标；三是排放的“三可”问题（可测量、可报告和可核实）；四是长期目标；五是资金问题。

2010年第16次缔约方会议在墨西哥坎昆举行，此次会议上各方继续坚持《联合国气候变化框架公约》、《京都议定书》和“巴厘路线图”，坚持了“共同但有区别的责任”原则，确保了2011年的谈判继续按照“巴厘路线图”确定的双轨方式进行；另外，就技术转让、资金和能力建设等发展中国家所关心问题的谈判取得了不同程度的进展，向国际社会发出了比较积极的信号。在本次会议上各国做出正式减排承诺，这是为采用相互负责的方式实现减排所进行的最大集体努力。

2011 年在第 17 次缔约方会议在南非德班举行，《京都议定书》第二承诺期的存续问题，是德班大会期待解决的首个关键问题。大会通过了“德班一揽子决议”（Durban Package Outcome）。建立德班增强行动平台特设工作组，决定实施《京都议定书》第二承诺期并启动绿色气候基金，德国和丹麦分别注资 4000 万和 1500 万欧元作为其运营经费和首笔资助资金。对于绿色气候基金，大会确定基金为《联合国气候变化框架公约》下金融机制的操作实体，成立基金董事会，并要求董事会尽快使基金可操作化。在德班大会期间，加拿大宣布正式退出《京都议定书》，成为继美国后第二个签署又退出的国家。联合国环境规划署在当时发表的一份声明中指出，发达国家做出的承诺不够积极，并且都带有附加条件，这令人感到非常失望。

2012 年 6 月，在 1992 年巴西里约热内卢联合国环境与发展大会 20 周年之际，“里约 +20”峰会在与当年相同地点举行。会议的两个主题分别是：在可持续发展和消除贫困的背景下发展绿色经济；关于可持续政治治理与制度框架。会议的三个目标分别是：第一，重申各国对实现可持续发展的政治承诺；第二，评估迄今为止在实现可持续发展主要峰会成果方面取得的进展和实施中存在的差距；第三，应对新的挑战。会议最后通过的《我们想要的未来》包括五个部分：前言、重申政治承诺、在可持续发展和消除贫困的背景下发展绿色经济、建立可持续发展的体制框架、行动措施框架。会议在最后通过的文件中重申政治承诺，重申了对《里约环境与发展宣言》、《21世纪议程》、《约翰内斯堡宣言》等地球峰会和后续可持续发展峰会主要成果文件，以及对发展筹资问题国际会议的《蒙特雷共识》等文件的承诺。评估了各国在实现可持续发展方面取得的进展和存在的差距，以及需要解决的新问题，并提出了行动框架。在可持续发展和消除贫困的背景下发展绿色经济论述了绿色经济对于可持续发展的重要作用，提出了发展绿色经济的政策手段与具体行动，包括建立有关经验分享的国际机制、制定绿色经济发展战略、增加投资、支持发展中国家等，同时提出了评估绿色经济发展进程的时间节点。建立可持续发展的体制框架论述了推动可持续发展体制框架改革的方法。在机构强化方面提出了加强联合国系统内原有机构能力和建立新机构两种措施。强调国际金融机构对可持续发展的责任，尤其是提供资金支持方面的责任，并提出了针对不同层面的实施要求。行动措施框架列举了需要采取行动的优先问题和领域，以及相应的行动。提出应确定可持续发展目标和相应评估指标的建议，并从资金、科学与技术、能力建设、贸易四个方面提出了具体实施措施。

2012年11月，《联合国气候变化框架公约》第18次缔约方大会在卡塔尔多哈举行。大会通过的决议中包括《京都议定书》修正案，从法律上确保了《京都议定书》第二承诺期在2013年开始实施。此外，大会还评估了《联合国气候变化框架公约》长期合作工作组成果，并通过了有关气候变化造成的损失损害补偿机制等方面的多项决议。《京都议定书》第二承诺期谈判仍分歧众多，步履维艰。《联合国气候变化框架公约》长期合作行动特设工作组的收尾工作仍原地踏步，尤其是资金和技术转让问题悬而未决。

2014 年 9 月，联合国秘书长潘基文邀请来自政府、企业、金融界和民间社会的领袖前来参加气候峰会，为实现全球气温上升低于 2℃的目标，对关键因素所涉及的领域做出大胆承诺并采取行动。这次气候峰会不属于《联合国气候变化框架公约》谈判进程，首脑会议在巴黎拟定框架公约之前一年多举行，目的是为了促进应对气候变化行动，就是要表明各个部门和各级领袖正在为今后可能取得的成果而积极行动。峰会最重要的目标——在增强政治意愿方面取得了进展。各国领导人为实现 2015 年在巴黎气候大会上达成有意义的全球气候协议而做出的强有力承诺。会议重点审议国家政府和政府集团与私营部门和民间社会诸多行为体在农业、林业、工业、交通、能源、城市污染物排放、气候融资、抗灾能力八个领域的行动及其存在的问题。另外，本次峰会在减少二氧化碳排放、动员资金和市场、碳定价、加强气候复原力和动员新伙伴联盟等五个关键领域取得共识。

2014 年 12 月 1 日，第 20 次缔约方会议在秘鲁利马召开，本次会议主要是落实巴里路线图成果和推进德班平台谈判。就继续推动德班平台谈判达成共识，进一步明确并强化 2015 年的巴黎协议在《联合国气候变化框架公约》下，遵循共同但有区别的责任原则的基本政治共识，初步明确了各方 2020 年后应对气候变化国家自主贡献所涉及的信息。会议最后取得了三大成果：一是重申各国须在明年早些时候制定并提交 2020 年之后的国家自主决定贡献，并对 2020 年后国家自主决定贡献所需提交的基本信息做出要求；二是在国家自主决定贡献案中，将“适应”提到了与“减缓”相似的重要位置；[①] 三是会议产出了一份巴黎协议草案，作为2015年谈判起草巴黎协议文本的基础。大会通过的最终决议与各方预期尚有差距，但就2015年巴黎大会协议草案的要素基本达成了一致。国际社会对2015年底在巴黎达成协议普遍持谨慎乐观态度。最后的结果不能令人满意但尚能接受。

2015年2月26日，《联合国气候变化框架公约》秘书处正式发布了2015年巴黎全球气候变化协定的谈判文本。此文本的公布标志着向年底巴黎会议上达成一项新的全球气候变化协定迈出重要一步。文本涉及巴黎协定将要包括的一些实质性内容，如减缓、适应、融资、技术和能力建设以及采取行动，以及支持行动的透明度等。谈判文本的发布拉开了完成新的全球气候变化协定谈判的序幕。各国谈判代表将展开多轮谈判，针对谈判文本寻找共同点，并试图弥合分歧，在一些问题上达成共同谅解。

联合国通过《联合国气候变化框架公约》缔约方大会推动了国际社会在应对气候变化方面的合作。在应对气候变化过程中，联合国的作用主要表现在：

第一，推动了各国设立应对气候变化的共同目标。《京都议定书》两个承诺期的目标快要到期，2015年后的目标正在谈判中。在2014年底秘鲁利马会议中达成的草案为2015年底在巴黎达成新的目标奠定了基础。虽然各国在谈判过程中分歧明显，谈判过程异常艰难，但在最后期限到来之前总能达成各方都能基本接受的共识、

① “适应”和“减缓”是人类应对气候变化的两大对策，减缓是指二氧化碳等温室气体的减排，是解决气候变化问题的根本出路。适应是“通过调整自然和人类系统以应对实际发生或预估的气候变化或影响”，是针对气候变化影响趋利避害的基本对策。

第二，推动各国根据已经达成的协议减少温室气体排放。《京都议定书》在应对气候变化过程中具有里程碑意义，各国将减排目标量化。虽然有些排放大国没有签署或者签署后又退出了《京都议定书》，但是多数国家还是按照已经签署的目标协议进行减排，这对减少温室气体排放有非常重要的意义。

第三，推动了温室气体排放大国自动承诺排放目标并且相互之间开展多种形式的合作。中国和美国是世界上最大的发展中国家和最大的发达国家，也是温室气体排放大国。2014 年 11 月 12 日，中美两国领导人正式发表了《中美气候变化联合声明》，宣布了两国各自在 2020 年后应对气候变化的行动目标：中国计划 2030 年左右二氧化碳排放达到峰值且将努力早日达峰，到 2030 年非化石能源占一次能源（即天然能源）消费比重提高到 20% 左右；美国计划于 2025 年实现在 2005 年基础上减排 26%—28% 的全球经济范围减排目标并将努力达到 28%。同时，双方还确定了在低碳、环保、清洁能源等领域开展一系列合作项目。

2014 年 6 月 25 日，美国总统奥巴马发布了《总统气候行动计划》（President's Climate Action Plan），这是一份应对气候变化的国家行动计划，以推动解决日益紧迫的气候变化问题。这是迄今为止美国总统发布的最为全面的气候变化应对计划。如能全面而迅速地落实该计划，奥巴马政府将能真正开始落实有关承诺。该计划的目标是到 2020 年，温室气体排放比 2005 年减少 17%，全面减少温室气体排放，并保护美国免受日益严重的气候影响。通过制定并切实落实清晰的国家战略，美国政府不但能够保护本国人民，而且能够提振国际社会应对气候变化的雄心。该计划的内容还涉及应对气候影响和鼓励增强参与国际进程。这些措施将有助于美国在气候变化问题上重振国际形象和领导力。

2015 年 6 月 30 日，中国向联合国气候变化框架公约秘书处提交了应对气候变化国家自主贡献文件《强化应对气候变化行动——中国国家自主贡献》。根据文件，到 2030 年，中国单位国内生产总值二氧化碳排放比 2005 年下降 60%—65%。中国自主贡献文件主要包括以下内容：

一是所取得的成效。多年来，中国积极实施应对气候变化相关国家战略，加快推进产业结构和能源结构调整，大力开展节能减碳和生态建设，开展碳排放权交易试点和低碳省（市）试点，取得明显成效。

二是行动目标。中国确定了 2020 年和 2030 年的行动目标。2030 年行动目标是：二氧化碳排放 2030 年左右达到峰值并争取尽早达峰，单位国内生产总值二氧化碳排放比 2005 年下降 60%—65%，非化石能源占一次能源消费比重达到 20% 左右，森林蓄积量比 2005 年增加 45 亿立方米左右。

三是实现目标的政策和措施。中国将在已采取行动的基础上，在国家战略、区域战略、能源体系、产业体系、建筑交通、森林碳汇、生活方式、适应能力、低碳发展模式、科技支撑、资金政策支持、碳交易市场、统计核算体系、社会参与、国际合作等 15 个方面持续不断地做出努力。

四是关于 2015 年协议谈判的立场。2015 年协议谈判在公约下进行，以公约原则为指导，旨在进一步加强公约的全面、有效和持续地实施。谈判的结果应遵循公约原则，充分考虑发达国家和发展中国家间不同的历史责任、国情、发展阶段和能力，全面平衡体现减缓、适应、资金、技术开发和转让、能力建设、行动和支持的透明度各个要素。

中美两个温室气体排放大国先后公布各自的减排国家计划并且开展双边合作，对于在 2015 年底达成未来减排目标具有重要的推动作用。

（二）小结

在应对气候变化方面，联合国及其相关机构不仅通过公布详实的数据提醒国际社会关注气候变化的严重影响，而且推动国际社会就应对气候变化问题确立了量化目标，并且采取有效措施为实现这些目标而努力。在此过程中，联合国促使发达国家在应对气候变化方面承担了应有的责任并向发展中国家提供必要的援助。到目前为止，国际社会在应对气候变化方面的合作远未达到令人满意的程度，但是达到了能接受的最低程度。应对气候变化方面的合作及其成果都是联合国框架下完成的，联合国在应对气候变化方面发挥了不可替代的重要作用。

第六章　联合国的人道主义治理

根据《联合国宪章》，联合国的宗旨之一是："促成国际合作，以解决国际间属于经济、社会、文化及人类福利性质之国际问题。"联合国将应对战争冲突、自然灾害等引起的人道主义问题视为其重要责任。联合国在二战结束后不仅成为人道主义救援的中坚力量，而且成为国际人道主义救援的合作中心，推动了相关国际组织之间的合作。在国际人道主义救援中联合国发挥了不可替代的作用。

第一节　联合国人道主义治理的相关机构

（一）联合国人道主义事务协调办公室

联合国人道主义事务协调办公室（Office for the Coordination of Humanitarian Affairs，简称 OCHA）是联合国秘书处下设机构。1991

年联合国大会通过的46/182号决议，要求加强在人道主义领域内的行动，并为此设立了人道主义事务部。1998年，人道主义事务部被改组为人道主义事务协调办公室。联合国人道主义事务协调办公室主要通过其在纽约和日内瓦两个办事处以及机构间常设委员会行使职能。纽约办事处主要负责宣传、外部关系、政策发展和研究、紧急情况分析及向副秘书长提出建议。日内瓦办事处主要负责动员和协调国际救助行动，包括指导驻地办事处工作并向其提供支持、动员和协调国际快速反应行动等。联合国人道主义事务协调办公室在全球下设区域、次区域、国家级等30多个办公室，有将近1900名任职人员。人道主义事务协调办公室与各个政府部门、政府间机构、非政府组织合作以确保各个部门能在协调一致的框架内更有效地发挥其作用。人道主义事务协调办公室的宗旨是协调联合国在人道主义危机方面的援助，动员和协调国际社会的共同努力，特别是联合国机构，以协调统一的、及时的行动来满足那些置身于痛苦中的人们和因灾受损以及紧急状况的需要，包括从救济到恢复重建和发展的平稳过渡。其使命可归纳为三点：第一，协调国际人道主义事务；第二，为人道主义社区在政策发展方面提供支持；第三，宣传人道主义观点，维护受害者利益并传达其呼声，保证广大人道主义社区的观点和顾虑在恢复与和平建设的努力中被反映出来。其主要职能如下：消除由灾害或冲突引起的人类困苦；推进备灾和减灾工作；为受灾人群提供及时有效的国际援助；确保受灾害或冲突影响的人群找到应对挑战的可持续渠道；宣扬人道主义权利。人道主义事务协调办公室在紧急救济协调员（Emergency Relief Coordinator）的领导下开展工作。紧急救济协调员负责督察所有需要联合国人道主义援助的紧急情况，并承担所有政府部门、政府间机构、非政府组织参与的救济活动的总联络人角色。紧急救济协调员由一位联合国副秘书长担任，由一名联合国助理秘书长协助工作，该助理秘书长担任副紧急救济协调员并主管国际减灾战略秘书处，目前人道主义事务协调办公室由联合国主管人道主义事务的副秘书长约翰·霍尔姆斯（英国人）领导。

人道主义危机发生后，由人道主义办公室管理下的共享基金可以立即为救援工作提供资金支持。这种共享基金共分三种：一类为中央紧急响应基金；第二类为普通人道主义基金；第三类为应急响应基金。这些基金在自然灾害发生后可提供食物、水和避难所等资金支持，还可为避难所内出生的婴儿提供可维持生命的营养品和医疗服务，以及向那些在紧急灾害中挣扎的人们提供基本生活必需品。

人道主义事务协调办公室从联合国正常预算得到的资金非常有限，大部分资金仍要靠联合国成员国以及非政府机构的自愿捐款。大部分的人道主义援助资金由成员国提供，而私人部门提供的援助资金也在逐渐增加。超过120个国家和私人部门向人道主义事务协调办公室捐赠人道主义援助资金。

自然灾害发生后，联合国驻地协调员或者人道主义协调员可以就优先行动或救人活动立即向中央紧急响应基金提出申请，在设有普通人道主义基金或紧急响应基金的国家，联合国驻地协调员可以立即就一致同意的优先活动发放资金。在场的人道主义救援人员决定拯救生命的优先活动，并形成报告提交到成员国和其他合作伙伴以筹资。通常有两类呼吁：一类为联合呼吁，每年度为有人道主义需求的国家提出；另一类为紧急呼吁，在诸如洪水、地震等突发自然灾害发生时提出。中央紧急响应资金、普通人道主义基金和应急响应基金等所有基金信息均记录在经费跟踪服务数据库中。

联合国人道主义事务协调办公室协调各类诉求事件并管理经费，跟踪服务数据库。人道主义事务办公室对资金的管理确保基金可以迅速投入到有人道主义需要的地方。基金的使用程序保证了人道主义行动的协调性，同时对基金流向的跟踪也增加了透明度。人道主义事务办公室与成员国和私营部门共同为中央紧急响应基金等筹资。

（二）联合国难民事务高级专员公署（联合国难民署）

联合国难民事务高级专员公署（Office of the United Nations High Commissioner for Refugees，UNHCR）是联合国大会附属机构，简称联合国难民署，由联合国大会于 1950 年 12 月 14 日建立，总部设在日内瓦。原为处理第二次世界大战期间遗留下来的欧洲难民问题的临时机构。后因世界各地陆续出现难民问题，工作范围逐步扩大，故一直延存至今。公署的职能是在联合国领导下，通过下列途径向属于其职权范围内的难民提供国际保护：促进缔结和批准保护难民的国际公约，监督其实施并对此提出修正案；通过与各政府达成特别协定，推动执行措施以改善难民处境和减少需要保护的人数；协助政府和私人在促进自愿遣返或与新国家社会同化方面的努力；促使各国收容难民；努力使难民获准转移其财产，特别是他们重新定居所必需的财产；从各国政府获得有关其领土内难民人数和条件以及涉及难民的法律和规章的情报；与各国政府和有关政府间组织保持密切联系；与处理难民问题的私人组织建立联系；促进协调关注难民的私人组织的努力。此外，根据联合国大会的要求，办事处可以参与难民遣返和重新定居活动，并按《减少无国籍状态公约》，在帮助无国籍人员方面发挥某些作用。该组织的章程规定其工作是人道主义的、社会的和非政治的。它以“外交中间人”的身份出现，在有关政府组织和个人的协助下，实施其各项援助难民的方案，对属于高级专员职权范围内的难民提供国际保护，帮助他们自愿遣返或归化于新定居的国家。章程规定的属于其职权范围内的难民，是指由于有正当理由惧怕因种族、宗教或政治原因而受到迫害且身在本国之外，并且不能或由于此种惧怕而不愿受到本国保护的人。但该组织并不负责处理世界上的所有难民，已由给予庇护的国家认为是该国国民的难民和已由联合国其他机构管理的难民，则不予过问。该组织的基本活动是实施各项援助难民方案。该方案分为一般方案和特别方案两种，均在每年举行的会议上讨论通过。两届会议之间遇到临时出现的难民问题需要援助时，经总部批准，可追加特别方案。各项援助方案所需资金靠各国政府和私人自愿捐献。该机构在1954 年和 1981 年两度荣获诺贝尔和平奖。

联合国难民署是由联合国大会及联合国经济暨社会理事会共同监管的。联合国难民署行政委员会由 78 名成员组成，专责批核两年一度的项目及相关预算，由联合国大会委任的高级专员发表。该组织设有国际保护、援助、外事和行政管理 4 个司，各司下设有若干个科。作为联合国难民署的统帅，高级专员每年向联合国经济暨社会理事会及联合国大会汇报工作。高级专员负责制定机构的方向及管治的工作，在助理高级专员、保护及执行事务助理高级专员的帮助下，管辖难民署的工作。该机构现有超过 9300 名国际员工在 123 个国家内工作。

（三）联合国儿童基金会

联合国儿童基金会（United Nations International Children´s Emergency Fund，简称 UNICEF），前身为 1946 年 12 月 11 日成立的“联合国国际儿童紧急救助基金会”，最初的主要目标是满足第二次世界大战之后欧洲与中国儿童的紧急需求。1950 年起，它的工作扩展到满足全球所有发展中国家儿童和母亲的长期需求。1953 年，联合国儿童基金会成为联合国系统的永久成员，并受联合国大会的委托致力于实现全球各国母婴和儿童的生存、发展、受保护和参与的权利。1965 年，联合国儿童基金会由于“促进国家间的手足情谊”而获得诺贝尔和平奖。

联合国儿童基金会是在全球范围内为每一位儿童争取权利的人道主义和发展机构。联合国儿童基金会的理念是：每个儿童都有生存、成长和实现潜能的权利，这有利于创造一个更美好的世界。联合国儿童基金会工作核心主要在于一线的实地工作，在 191 个国家和地区设有办事处，其中 126 个国家办事处分别进行地方服务项目，有一些办事处更同时服务数个国家。每个国家办事处都通过与所在国的政府制订个别的合作计划来执行联合国儿童基金会的使命。这些为期 5 年的计划重点是如何落实妇女及儿童的应有权利。在计划周期开始时制定的情况报告中对他们的需要进行了分析。地区办事处对该项目提供指导并向国家办事处提供所需的技术援助。联合国儿童基金会的工作完全是联合国在某个国家开展的其他活动的一部分。该组织的全面管理和行政工作在纽约总部进行，有关儿童的全球性政策就是在这里形成的。专门办事处包括位于哥本哈根的供应部，负责提供基本救援物资，如用于挽救发展中国家儿童生命的疫苗等。联合国儿童基金会位于佛罗伦萨的英诺森提研究中心以及位于日本和布鲁塞尔的办事处则负责筹集捐款和与决策者之间的联络。联合国儿童基金会共有37个国家委员会，它们主要负责在其所在的发达国家和地区进行宣传与资金的募集。这些国家委员会开展慈善募捐，组织社会活动，建立信息数据库，召开研讨会，通过直接邮寄、贺卡销售募集善款，旨在提高公众意识，使人们更清楚地了解发展中国家所面临的挑战。联合国儿童基金会完全由自愿捐款支持运作，各国政府的捐助占联合国儿童基金会资源的2/3；私人团体和个人捐赠者通过联合国儿童基金会国家委员会捐助其余1/3的经费。一个由各国政府代表组成共36名成员的执行董事会负责指导和监测联合国儿童基金会的所有工作，包括制订政策、审批计划、决定行政和财务方针及预算。执行董事会成员由联合国经济社会理事会选举产生，任期通常为3年。

（四）联合国世界粮食计划署

联合国世界粮食计划署（World Food Programme，简称WFP）由联合国和联合国粮农组织（Food and Agriculture Organization of the United Nations，FAO）合办，是联合国内负责多边粮食援助的机构，于1961年第16届联大和第11届粮农组织大会决定成立，原定于1963年开始运作，但因1962年多地遭遇粮食危机，提前投入运作。总部设在意大利罗马。世界粮食计划署的宗旨是以粮食为手段，帮助受援国在粮农方面达到生产自救和粮食自给的目的。援助方式分紧急救济、快速开发项目和正常开发项目3种。其活动资源主要来自各国政府自愿捐献的物资、现金和劳务。目前主要认捐者有中国、美国、欧盟、加拿大、荷兰、日本、德国、瑞典、英国、丹麦和澳大利亚。

联合国世界粮食计划署的五项目标：拯救生命，在紧急情况下保障生计；防止严重饥荒的发生，为灾前预防和减灾进行投资；在战争或灾难发生后重建家园和恢复生计；减少长期饥饿和营养不良；加强各国控制饥饿的能力。世界粮食计划署的行动主要有四类：第一类是应急行动，在第一时间向需要的地方提供援助；第二类是重建行动，主要是着手于危机后的重建；第三类是发展行动，主要是关注加强粮食安全；第四类是特别行动，主要是为应急行动创造基础条件。作为联合国抗击饥饿的一线机构，世界粮食计划署始终积极应对紧急情况的发生。世界粮食计划署通过向饥饿人口和脆弱人群快速提供食品拯救生命。在某些情况下，最好的解决方案也许不是直接提供食品，而是发放现金或食品抵用券。例如，市场上食品丰富而贫困人口无力购买。在这种情况下，受益者可以拿现金或食品抵用券去当地市场购买商品，同时推动了当地的经济发展。此外，世界粮食计划署还帮助饥饿人口解决未来的粮食安全问题。通过提供食品，世界粮食计划署帮助民众积累资产、传播知识，建设充满生机和活力的社区。通过“食品换资产”项目，世界粮食计划署向饥饿人口提供食品，鼓励受益者为发展项目工作，为他们建设美好的明天打下基础。例如，当人们不再担心下一顿饭没有着落的时候，他们才会有时间和精力去建造灌溉系统，以达到增产的目的。“食品换培训”项目使贫穷的人们能投入时间学习生存技能，例如养蜂、缝纫，以及认字读书等，使他们能够维持生计。为了寻求饥饿问题的最佳解决方案，世界粮食计划署在多个领域发展专业技能，包括粮食安全分析、营养、食品采购和物流。

世界粮食计划署平均每年向超过80个国家的9000万人口提供粮食援助。大约有12000名工作人员在联合国世界粮食计划署工作。其中90%的雇员在偏远的一线地区工作，直接向饥饿人群提供服务。世界粮食计划署领导机构是执行局（原称粮食援助政策与计划委员会，简称粮援会，1996年1月改称现名），由36个联合国和粮农组织成员组成，其中一半由联合国粮农组织理事会选出，另一半由联合国经社理事会选出，成员任期为3年，每年改选1/3。执行局负责审批执行干事提出的援助项目，审查已批准的项目的执行情况。世界粮食计划署日常办事机构为秘书处，主持日常工作的执行干事由联合国秘书长和粮农组织总干事与粮食援助政策和计划委员会协商后任命，任期5年，可连任。

（五）联合国开发计划署

联合国开发计划署（The United Nations Development Programme，UNDP）是世界上最大的负责进行技术援助的多边机构。联合国开发计划署前身是1949年成立的技术援助扩大方案和1958年设立的旨在向较大规模发展项目提供投资前援助的特别基金。根据联合国大会决议，这两个组织于1965合并成立了今天的开发署。联合国开发计划署的主要职责是为发展中国家提供专业建议、培训及其他支持措施，并日益关注对最不发达国家的援助。为实现千年发展目标，促进全球发展，联合国开发计划署重点关注消除贫困、对抗艾滋病、推动善治、能源与环境治理、危机预防与恢复等工作，并将保护人权、能力建设和女性赋权融入所有项目之中。在全球议题与南南合作方面，联合国开发计划署的重点工作领域是加强与主权国家的合作，外国援助体系经验分享，应对全球与地区问题，提高私营部门参与程度，通过南南对话分享发展经验与成果。联合国开发计划署的资金全部来自不同合作伙伴的自愿捐助，其中包括联合国成员国和其他多边组织。合作伙伴的捐助将用作常规资金，或用于捐助方指定的其他用途。

联合国开发计划署的主要组织机构是执行局和秘书处。执行局是联合国开发计划署的政策决策机构，由 36 个成员国组成：亚洲 7 个、非洲 8 个、东欧亚 4 个、拉美 5 个、西欧和其他国家 12 个。执行局成员由经社理事会按地区分配原则和主要捐助国和受援国的代表性原则选举产生，任期 3 年，执行局每年举行 3 次常会 1 次年会。秘书处按照执行局制定的政策在署长领导下处理具体事务。联合国开发计划署署长任期 4 年。另外，联合国开发计划署在 134 个国家设有代表处。

除了这些机构之外，联合国系统的相关组织和一些专门机构也参与到人道主义救援的行动中。例如，联合国粮食及农业组织致力于帮助农民从洪灾、牲畜疾病爆发和类似突发事件中恢复生产。粮农组织的全球粮食和农业信息及预警系统就世界粮食形势发布月度报告，提供特别警报服务，帮助各国政府和援助组织确认存在粮食短缺问题的国家。世界卫生组织协调国际社会，共同应对人道主义紧急情况下的卫生问题。它负责为全球卫生事务提供领导，拟定卫生研究议程，制定规范和标准，阐明以证据为基础的政策方案，向各国提供技术支持，以及监测和评估卫生趋势。

第二节　联合国的人道主义救援——以救助巴勒斯坦难民为例

(一) 联合国是人道主义救援的发起者、组织者和任务的执行者

1948 年，阿拉伯国家和以色列之间爆发的第一次大规模武装冲突使大批巴勒斯坦人沦为难民。从此以后，巴勒斯坦难民问题成为国际社会的一大难题。长期以来，联合国为解决巴勒斯坦难民问题开展了艰苦卓绝的工作，并为此成立了专门的机构。

为援助难民，联合国大会于 1949 年 12 月 8 日通过第 302 (1V) 号决议，决定建立联合国近东巴勒斯坦难民救济和工程处（简称近东救济工程处）(United Nations Relief and Works Agency for Palestine Refugees in the Near East，简称 UNRWA)。该处于 1950 年 5 月 1 日正式开始运作。此后历届联大都审议巴勒斯坦难民问题，并通过相关决议，延长该处任期。该处业务由总部和分设在安曼、贝鲁特、大马士革、东耶路撒冷、加沙的 5 个办事处进行管理。设在纽约和开罗的小型联络处同联合国总部和政府保持联系。该处还设有咨询委员会，委员会成员包括比利时、埃及、法国、日本、约旦、黎巴嫩、叙利亚、土耳其、英国、美国。巴勒斯坦是委员会的观察员。委员会每年举行一次会议，讨论该处的活动。该处是联合国在中东

地区最大的办事机构。该处的经费主要依靠各国政府、政府间和非政府组织及个人的自愿捐款，财政状况一直较困难。根据2015年8月5日联合国近东巴勒斯坦难民救济和工程处发表通报称，该机构已向秘书长潘基文提交了一份紧急财政报告。这份报告发出警告，称如果工程处到8月中旬无法弥补1.01亿万美元的资金缺口，将被迫暂停该机构的教育项目。这意味着50万巴勒斯坦学生将被迫推迟入学时间。同时，严重的资金短缺将阻碍该机构行使其全部职能。近东救济工程处在报告中表示，当前实行的严格的财政紧缩和管理政策仅可以将拯救生命、保护艰苦环境下的最脆弱人群和维护公共健康和安全的工作维持到2015年年底。这意味着近东救济工程处现有的资金仅够维持健康、通过救援和社会服务扶持贫困家庭、卫生和紧急行动等项目。报告指出，如果到8月中旬无法弥补1.01亿美元的资金缺口，近东救济工程处将被迫暂停教育项目。这将使参加中东700所学校和8所职业培训中心的50万巴勒斯坦学生推迟入学时间。①

近东救济工程处的宗旨是为在加沙地带、西岸、约旦、黎巴嫩和阿拉伯叙利亚共和国的巴勒斯坦难民的处境改善和未来发展做出贡献，直到找到难民问题的公正解决办法。工程处努力在国际标准的框架内提供基本服务，借此实现上述宗旨，其中包括基础教育（和仅限于黎巴嫩的中学教育），全面优质的基本保健、紧急救济、社会安全网以及其他社会干预措施、小额供资和住房以及基础设施支助。近东救济工程处不仅为巴勒斯坦难民提供紧急救

---

①　联合国新闻：《联合国近东巴勒斯坦难民救济和工程处面临严重资金短缺》，参见联合国网站 http：//www. un. org/chinese/News/story. asp？ newsID＝24468。

助而且为难民的可持续发展提供帮助。近东救济工程处的重点工作包括教育、保健、救济和社会服务、小额供资和微型企业四个领域。

在教育方面，近东救济工程处力求通过四个主要教育领域，即普通教育、师资培训、职业和技术教育、教育规划与管理，向巴勒斯坦难民传授基本知识和技能，使他们成为社区中自力更生和具有生产力的成员。教育方案力求体现难民的身份特点和文化遗产，特别是通过提高对基本人权、解决冲突办法、两性平等的必要性，以及《儿童权利公约》的认识，培养一种相互依存和容忍的精神。近东救济工程处利用其教育方案，力求为巴勒斯坦难民创造一种学习环境，使他们能够掌握知识、生活技能、积极的经验和价值观。工程处提供小学、预备班和中学（仅限于黎巴嫩）教育、技术和职业教育，以及培训、教师培训、就业和职业指导。

在保健方面，近东救济工程处保健方案的宗旨是，按照卫生组织的基本原则与概念，以及该处业务地区公共部门保健服务的标准，保障、维护和增进巴勒斯坦难民的健康状况，满足他们的基本保健需要。近东救济工程处继续致力于采取符合千年发展目标的保健措施，其中三个目标是降低儿童死亡率、加强产妇保健和防治营养不良和传染病，这三个目标直接与保健相关，而其他目标则对保健有着重要和间接影响。近东救济工程处利用其保健方案，保护和改善巴勒斯坦难民的健康状况，根据世界卫生组织的政策和战略，为他们提供全面良好的基础保健服务。近东救济工程处的卫生保健服务包括医疗服务（实验室、门诊、妇幼保健、疾病防治、复健、口腔保健、学校保健和医院服务）、环境卫生（污水排放、固体废物处理和供水）以及补充营养餐。近东救济工程处保健方案发挥了重要的作用，通过免疫接种预防传染病，并消除了全球健康议程上仍居于前列的一些疾病，如疟疾、小儿麻痹和新生儿破伤风。还帮助消除儿童中缺乏蛋白质能量造成的营养不良，并通过广泛使用现代避孕方法降低人口出生率。此外，该方案改良了难民营的供水、排水和固体垃圾处理的基础设施，将其纳入市、区系统，使难民营的环境卫生得到改善。尽管取得了令人瞩目的成绩，保健方案仍面临重大的制约和挑战，影响到充分回应不断变化的需求和优先事项的能力，包括在防治慢性非传染病方面负担加重，如心血管疾病、糖尿病和癌症，此外还有复发和新发的传染病。难民营中环境卫生条件差，特别是在加沙地带、西岸和黎巴嫩，东道国当局和难民社区期望的增高，以及二级和三级保健费用增加，都是一些新的挑战。

在救济和社会服务方面，近东救济工程处救济和社会服务方案的目标，是向大多数穷困的巴勒斯坦难民提供一个社会安全网，并促使难民社区中处境较为不利的成员，特别是妇女、老人、青年和残疾人自力更生。救济和社会服务方案提供的服务包括：粮食支助，收容所改造和对特困家庭提供现金援助，社区社会服务，提供补贴贷款，以及维护、更新和保存430万已登记难民的记录和文件。

在小额供资和微型企业方面，近东救济工程处通过小额供资和微型企业方案，为微型企业、家庭消费和住房需要提供信贷，推动经济发展和减缓贫穷。这种信贷可提高住户、小企业经营者和微型企业家的生活质量，持续提供就业机会，降低失业率，减轻贫困，赋予妇女权力，为巴勒斯坦难民及其他贫穷及边缘群体提供赚取收入的机会。具体服务包括微型企业信贷、针对妇女的贷款计划、小型企业贷款、消费者借贷、住房贷款及微型企业培训方案。

联合国近东巴勒斯坦难民救济和工程处是一个独特的存在，对难民有长期的援助承诺。近东救济工程处已经为四代巴勒斯坦难民提供福利并促进其发展。工程处的服务涉及教育、保健、救济和社会服务，难民营基础设施和改善，小额金融和紧急援助，即使是武装冲突期间服务也不会中断。近东救济工程处致力于促进巴勒斯坦难民的未来发展，方式是帮助他们获得知识和技能，实现健康长寿，拥有体面的生活，并尽最大可能地享受人权。2015 年是工程处成立 65 周年。65 年来，工程处及其工作人员在艰苦、危险的条件下努力开展人道救援，积极协调重建及援助物资进入加沙地带，为维护巴勒斯坦难民权利、改善巴勒斯坦人道局势、促进巴勒斯坦经济社会发展做出重大贡献。经过 65 年的改建与发展，如今的难民营已从临时帐篷升级为水泥或铁皮房屋，为难民提供的救济也从一开始最基础的生存保障，扩展到包括教育、医疗、培训，甚至金融服务等社会服务领域。

（二）小结

65 年来，联合国相关机构对巴勒斯坦难民的救助体现了长期以来在人道主义救援方面的贡献。人道主义救援一直是主权国家不愿意也不方便直接参与的领域，尤其是由于战乱导致的人道主义灾难。无论是在战争冲突还是突发自然灾害之后，只要人道主义危机出现，联合国总是第一时间向国际社会呼吁进行人道主义援助，提醒国际社会关注人道主义救援需求。联合国相关机构长期以来一直是直接参与人道主义救援的主力军，无论是在战后重建的现场，还是在自然灾害的一线，联合国与其合作伙伴一直是难民和急需救援的弱势群体的依靠力量。联合国机构除了直接进行人道主义援助之外，还与主权国家、其他国际组织和非政府组织等合作。在人道主义救援领域，联合国是发起者、组织者和任务的执行者。

第七章　全球治理中联合国与合作伙伴的关系

——以非政府组织为例

全球治理是包括主权国家、国际组织、非政府组织、跨国公司等不同类型的行为主体共同参与的过程，行为主体之间的合作程度直接影响全球治理的效果。国际组织和非政府组织都是非国家行为体，与主权国家比较起来行为能力相对有限，在全球治理中需要与其他行为体合作才能更好地发挥其作用和优势。联合国在全球治理中一直注重与会员国之间的协调，与此同时，联合国也一直注重与其他行为体的合作，尤其是非政府组织。非政府组织已经成为联合国最重要的合作伙伴，在有些领域如果没有非政府组织的合作，联合国将寸步难行。非政府组织在与联合国的合作中获得了财政支持，行为能力获得提升，影响力扩大，更重要的是联合国已成为非政府组织实现其价值目标的重要合作伙伴。

第一节　联合国与非政府组织关系的发展

关于非政府组织（Non - governmental Organization，简称 NGO）的定义目前还没有一个普遍认可的界定。联合国在其文件中对非政府组织做过规定性说明。联合国经社理事会 1950 年的第 288（X）号决议规定："任何国际组织，凡不是经由政府间协议而创立的，都被认为是为此种安排而成立的非政府组织。"联合国将公益非政府组织定义为：通过提供具体服务或倡导，为一般民众或者整个世界谋取利益的组织。这类组织大多数是会员制组织，吸收志同道合者，但其中大多数被认为是慈善组织或公共服务组织，因为它们的活动除了影响会员之外还有更大的社会影响。这类组织包括环境、发展、志愿者组织、人权、生殖权利组织、消费者群体与合作社、裁军组织、反腐败监督组织等。[①] 联合国与公民社会关系知名人士小组在其向联合国提交的报告中将非政府组织定义为：与联合国有关、但本身不是中央政府或通过政府间的决定而成立的所有组织，包括企业、议员和地方当局组成的各种协会。[②] 这些定义都从一定层面上反映了非政府组织的特点。笔者认为非政府组织是指依法正式成立的民间组织，它有明确的价值取向和目标，通过宣传和服务为一般公众或

---

① 参见《联合国系统内行动者的多样性》，http：//www. un. org/chinese/partners/civil_ society/diversity. htm。

② 《我们人民：公民社会、联合国和全球治理——联合国与公民社会关系知名人士小组的报告》第 10 页，参见 http：//www. un. org/chinese/reform/refordoc. htm。

全世界提供公益服务。该类组织包括环境、发展、教育、助残、人权及和平等组织，以及这些组织的国际网络。非政府组织并不包括各种恐怖组织、犯罪集团和宗教极端组织。非政府组织可以分为各国国内的地方性非政府组织、国别非政府组织和国际非政府组织。国内地方性非政府组织也被称为“草根组织”，是指主要在一个国家某个区域内活动的非政府组织，以特定区域为基础，其成员主要来自当地。国别非政府组织是指组织主体在一个国家，成员和基本决策来自一个国家的非政府组织。国际非政府组织（International Non-governmental Organization，简称 INGO）是指组织使命和活动范围以及资金来源具有国际性的非政府组织。国际非政府组织可以分为区域性国际非政府组织和全球性国际非政府组织。区域性国际非政府组织是指主要在一个大洲活动的国际非政府组织，如博鳌亚洲论坛、欧洲环境局（European Environment Bureau）等。全球性国际非政府组织是指成员来自不同国家，在全球范围内活动，积极参与国际事务的国际非政府组织，如国际红十字会、“大赦国际”等。世界上的非政府组织数量繁多，其主张和价值取向也五花八门，得到联合国认可且经常参与联合国事务的非政府组织具有一些共同的特点：都是在相关国家注册过的合法组织，价值取向对人类社会的发展有积极意义。

非政府组织作为一种民间社会组织，相对于政府和市场体系，也被归属于第三部门。非政府组织应具有合法性、民间性、志愿性、非营利性、非政治性和非宗教性的特点。有些非政府组织的价值取向和目标是积极的，其活动是促进社会和谐与发展的；而有些非政府组织则是为了特定群体的局部利益，与社会的整体利益是矛盾的，其活动甚至扰乱了正常的社会秩序。本文所论述的主要是价值目标和活动对社会发展有积极意义的非政府组织。

20 世纪末以来，非政府组织国际活动的影响越来越大，逐渐成为国际社会中新兴的重要力量，成为全球治理中重要的行为体。在一些领域，非政府组织的国际作用已经相当明显，例如促进了一些保护人类环境的国际法规的诞生。非政府组织参加了调解国际社会矛盾、实行人道主义救援、监督各国政府和跨国公司的行为、发起和执行公益项目等方面的国际活动。除此之外，非政府组织还积极参加各类政府间国际会议，为会议起草文件、准备材料。但是，在非政府组织的积极作用得到国际社会肯定的同时，其消极作用也倍受关注。非政府组织在一些国家不恰当的活动制造了冲突和混乱。因此，一些国家对非政府组织的活动持谨慎态度，特别是对来自外国的非政府组织；也有一些国家制定了相应的法律来约束和管理非政府组织的活动。

总之，非政府组织的活动已经深入到当今人类生活的方方面面。从发达国家到发展中国家，从城市到乡村，到处都有非政府组织在开展活动。非政府组织通过其活动推动各国政府和政府间国际组织制订或改变某些政策，也唤起公众注意某些不合理的现象，从而改变人们的思想观念。目前，非政府组织已经成为国际社会中不可忽视的重要力量。

联合国在成立之初就确立了与非政府组织合作的法律依据。《联合国宪章》第七十一条规定：“经济暨社会理事会得采取适当办法，俾与各种非政府组织会商有关于本理事会职权范围内之事件。”[①] 一些非政府组织自联合国成立以来就一直参与联合国的活动。

---

① 《联合国宪章》第七十一条，参见 http：//www. un. org/chinese/aboutun/charter/charter. htm。

20 世纪 60 年代，联合国确立了与非政府组织合作的制度框架。1968 年 5 月 23 日，联合国通过 1296 号决议，将享有经社理事会咨商地位的非政府组织分为三类：一类（Category Ⅰ）、二类（Category Ⅱ）和名册类（Roster），并且规定了不同类别的非政府组织参与联合国会议的权利和义务，要求被认可的非政府组织定期提交报告。该决议还特别鼓励发展中国家的非政府组织参与联合国事务。

20 世纪七八十年代，联合国与非政府组织的关系稳步发展。在这一时期，非政府组织参与联合国活动的次数稳步增加，联合国也越来越重视非政府组织所体现的影响全球发展议程的能力。非政府组织的表现说明它们已经成为联合国重要的合作伙伴。例如，在应对人道主义危机方面，特别是 1979 年至 1980 年柬埔寨和 1984 年至 1985 年埃塞俄比亚危机期间，非政府组织发挥了很大作用，包括参与听证会、小组讨论会和简报会以及与政府的对话等。

20 世纪末，联合国与非政府组织的关系快速发展。随着经济全球化的进程，参与联合国活动的非政府组织的数量不断增加，参与活动的领域也不断扩大。20 世纪 90 年代，一些非政府组织在联合国会议期间举行各种活动，包括进行游说，举行宣讲会，举办展览会来介绍自己的计划、举行文化活动，传播信息以及进行媒体推介活动。通过这些活动，非政府组织将各方面的专家、媒体等召集在一起就某些问题进行长时间的辩论。在这些活动中，非政府组织展示出其在影响联合国议程、改变政策制定者的观念以及影响世界舆论方面的集体力量。对于非政府组织的参与，联合国做出了积极的回应。联合国于 1996 年 7 月 25 日通过了 1996/31 号决议，将在经社理事会注册的非政府组织重新分为全面类（General Category）、专门类（Special Category）和名册类（Roster），并且对其权利和义务做了更加详细的规定。同以往相比，20 世纪 90 年代以来在联合国经社理事会注册的非政府组织的数量呈明显上升的势态。参见下表[①]。

在联合国经社理事会注册的非政府组织数量变化表

年份	全面类（个）	专门类（个）	名册类（个）	总计（个）
1948	13	26	1	40
1968	17	78	85	180
1992	38	297	409	744
1995	65	406	415	886
2000	122	1048	880	2050
2005	136	1639	944	2719
2010	139	2218	1025	3382
2012	146	2610	987	3743
2015	146	2778	986	3910

进入 21 世纪，非政府组织的数量继续增长，也更多地参与联合国的活动。非政府组织参与了联合国在环保、扶贫、军控、人道主义救助和人权等方面的事务，分包和承担了联合国大量的基层工作，为宣传联合国的宗旨和法律法规做了大量的工作。在 21 世纪，联合国及其专门机构更加重视非政府组织的参与。不仅经社理事会和秘书处设立了专门机构以处理与非政府组织相关的事务，其他机构对非政府组织也更加开放，一些专门机构与非政府组织建立了固定的合作机制。

随着参与联合国事务的非政府组织越来越多，联合国设立了相关机构处理与非政府组织方面的事务，这些机构对参与联合国事务

① 参见联合国经社理事会网站：http：//www. un. org/esa/coordination/非政府组织/。

的非政府组织进行监督管理、提供服务，促进了联合国与非政府组织关系的发展。

联合国经社理事会设立了非政府组织委员会，是经社理事会三个常设委员会之一。该机构成立于1946年，最早由5个国家代表组成，后根据经社理事会1996/31号决议改组，由19个成员国的代表组成。非政府组织委员会主要负责审查和批准非政府组织在经社理事会的咨商地位，评估具有咨商地位的非政府组织提交的年报，并且监督非政府组织的活动。该委员会还要就有关非政府组织方面的问题向经社理事会提出建议。[①] 经社理事会对参与其事务的非政府组织的权利和义务做了详细的规定，给予符合条件的非政府组织咨商地位。享有经社理事会咨商地位的非政府组织呈逐年上升的趋势。

联合国新闻部为处理非政府组织方面的事务，设立了非政府组织科。新闻部非政府组织科设在联合国总部，负责新闻部和与该部联系的非政府组织之间的联络，并提供许多服务，包括每周简报会、交流讲习班、与非政府组织/新闻部执行委员会合作举办新闻部/非政府组织年会以及每年为新委任的非政府组织代表举行迎新情况介绍。新闻部非政府组织科同世界各地的联合国新闻中心和联合国其他分支机构合作，评审希望同新闻部有正式联系的非政府组织的申请，新闻部的一个委员会负责审查这些申请；该机构每年出版新闻部非政府组织年度名录，还组织新闻部非政府组织年会，这一国际论坛为非政府组织、联合国官员、各成员国代表和国际媒体之间提供对话的机会；为相关非政府组织的代表参加有关会议提供便利条件；此外，该机构每周都举行简报会，向相关非政府组织提供联合

① 参见联合国网站：http：//www. un. org/esa/coordination/非政府组织/。

国文件和新闻稿，而且还定期向所有与新闻部联系的非政府组织总部邮寄联合国新闻材料。根据联合国大会第 13（I）号决议，秘书处新闻部自 1946 年与相关非政府组织建立联系，目前已有 1500 多个非政府组织与该机构建立了经常性联系。① 新闻部对与之建立联系的非政府组织有具体要求，即：认同《联合国宪章》；以非营利的方式运作；具有一定的行为能力，如出版新闻公报、举办研讨会等。与新闻部建立联系的非政府组织在世界各地以不同的方式，宣传联合国在世界各地关于和平与安全、经济与社会发展、人权、人道主义事务和国际法等问题的活动。这些非政府组织选举出一个由 18 个成员组成的执行委员会，该委员会由相关非政府组织在纽约的代表组成，任期为两年。作为相关非政府组织的代表，该委员会负责与新闻部的联络。

联合国各机构为协调与非政府组织的关系，于 1975 年成立了与非政府组织联络处，这是联合国系统的跨机构协调部门，跨机构支持小组共有 15 个成员，② 该联络处在纽约和日内瓦设有办公室。与

① 参见联合国网站：http：//www. un. org/chinese/aboutun/非政府组织/qanda. html。

② 联合国非政府组织联络处机构间支持小组的 15 个成员是：联合国经济和社会事务部（United Nations Department for Economic and Social Affairs）、联合国贸易和发展会议（United Nations Conference on Trade and Development）、国际农业发展基金（International Fund for Agricultural Development）、国际劳工局（International Labour Office）、联合国艾滋病规划署（Joint United Nations Programme on HIV/AIDS）、联合国难民事务高级专员公署（Office of the United Nations High Commissioner for Refugees）、联合国人类住区规划署（United Nations Human Settlements Programme）、联合国儿童基金会（United Nations Children's Fund）、联合国开发计划署（United Nations Development Programme）、联合国环境计划署（United Nations Environment Programme）、联合国最不发达国家、内陆发展中国家和小岛屿发展中国家高级代表办公室（UN Office of the High Representative for the Least Developed Countries，Landlocked Developing Countries and the Small Island Developing States）、联合国教科文组织（United Nations Educational，Scientific and Cultural Organization）、联合国人口基金（United Nations Population Fund）、世界粮食计划署（World Food Programme）、世界卫生组织（World Health Organization）。

非政府组织联络处旨在通过机构间合作推动联合国与非政府组织的建设性合作关系。与非政府组织联络处利用其跨机构的身份和联合国系统内的资源，利用其独特的网络和能力，为相关各方提供信息、咨询，推动各方在联合国的关键问题上建立联盟、开展合作。与非政府组织联络处的主要活动有：第一，为联合国和非政府组织提供信息。与非政府组织联络处密切关注、报告联合国系统内有关和平与安全、经济、社会发展、人权以及环境等方面的问题。与非政府组织联络处建立了内容超过3万项的数据库，定期发布大量的通讯和新闻手册，包括每两个月一次的“民间社会观察”和每两周更新一次的通讯手册。第二，促进民间社会参与联合国事务的进程。与非政府组织联络处为非政府组织等民间社会创造机会、提供专业知识、介绍与联合国机构合作的经验，帮助其参与联合国事务。与非政府组织联络处还特别承诺提高发展中国家和代表性不足的民间社会参与联合国事务的水平。第三，支持联合国系统发展与民间社会的建设性关系。与非政府组织联络处利用其与非政府组织合作方面的丰富经验和专业知识，帮助联合国机构与相关非政府组织开展战略合作，帮助其履行合约，同时也帮助非政府组织主动参与联合国事务。与非政府组织联络处组织每年一度的非政府组织会议讨论热点问题，分享经验，促进多边合作。第四，对联合国与民间社会合作中出现的新问题、新趋势进行深入分析。与非政府组织联络处推动相关问题的讨论，追踪全球公民社会的发展及其政治动力。与非政府组织联络处不断探索联合国与民间社会合作的新途径，经常开展一些参与性研究项目，以考察联合国机构与全球治理中一些新行为体的合作关系，例如草根组织、社会运动、原住民组织等，并推广成功经验。与非政府组织联络处通过提供信息、建议、顾问和支助服务，成为了联合国与公众加强对话的平台。

第二节　联合国与非政府组织的咨商制度

联合国与非政府组织的合作制度是在发展中逐步确立的。根据《联合国宪章》，经社理事会逐步建立了联合国与非政府组织的咨商制度。

1946 年，经社理事会第二届会议的决议把获得咨商地位的非政府组织分为三类：A 类、B 类和 C 类。A 类是指那些与理事会大部分工作有关，而且与所代表的区域内的经济和社会生活有密切联系的组织；B 类指有专门的管理领域但与理事会少数工作有联系的专门组织；C 类指那些以倡导公共舆论及传统情报的组织。决议指出，给予非政府组织咨商地位的目的，在于获得专业人士的建议和技术上的帮助，以及让这些具有代表性的组织表达它们的意见。由于非政府组织数量不断增长，联合国在实际工作中与非政府组织合作需求不断增长，1950 年，经社理事会通过了第 288 号（B）决议，将可获得咨商地位的类别分为 A 类、B 类和名册类。至此，联合国有关非政府组织咨商地位的制度安排初具雏形。①

经过了 20 多年的发展，获得经社理事会咨商地位的非政府组织越来越多，有更多的非政府组织试图通过获取咨商地位参与联合国

① 李金祥：《论联合国经社理事会咨商制度之变革》，载张贵洪主编《联合国研究》(2011 年第 1 期)，世界知识出版社 2012 年 4 月版，第 191—192 页。

事务。1968 年，经社理事会通过 1296（XLIV）决议，对咨商制度进行了改革，明确了获得咨商地位的非政府组织必须具备的条件，对咨商地位重新进行分类，对获得咨商地位的非政府组织的权利和义务进行了详细规定。

1296（XLIV）决议规定，获取咨商地位的非政府组织必须具备以下条件：其活动必须和经社理事会的工作有关，如国际经济、社会、文化、教育、卫生、科学技术、人权，以及其他一些相关的问题；必须有民主的决策机制、责任机制安排和透明的决策过程；必须正式向官方登记注册达两年之上；绝大部分的基本资源应来自各国家分会或者支会、个人会员或者其他非政府组织的成员。而且，国家层级的非政府组织不可以申请咨商地位，只能通过其所属的国际非政府组织表达其观点。除了某些例外，一个组织，如果处于国家层级而且隶属于某一国际非政府组织，不该拥有咨商地位。

1296（XLIV）决议将具有咨商地位的非政府组织重新进行分类：A 类改称全面咨商地位，也称一类咨商地位。这一资格授予工作领域涵盖经社理事会所辖大多数事务的非政府组织，它们与其所代表的地区或成员的社会经济生活密切相关。B 类改称专门咨商地位，也称二类咨商地位。该类资格授予在经社理事会事务的某些领域中具有专门能力的非政府组织。第三类是注册咨商地位，也称列入名册类。此资格授予那些能够对经社理事会的某一方面的工作提供有用咨询的非政府组织。

1296（XLIV）决议规定了获得咨商地位的非政府组织的权利和义务。第一，积极参与联合国的活动。每 4 年向联合国呈送简短、直接而精确的研究报告。报告尤其要提到该组织对联合国工作的支持。这是联合国衡量该组织是否符合现有咨商地位的依据。第二，与联合国秘书处官员就共同关心的事务进行协商，协商的提议者或者是非政府组织，或者是联合国秘书长。第三，第一类及第二类组织得指派受权代表以观察员资格列席理事会及其辅助机关的公开会议。列入名册之组织得派代表参加与其范围内主管事项有关的此种会议。第一类组织还可向经社理事会的附属委员会提交临时议程。第四，第一类及第二类组织可就其具有特长的事项，提出与理事会工作有关的书面陈述（第一类不超过2000字，第二类和名册类不超过500字）。这些陈述应由联合国秘书长分送理事会理事国。第五，关于第一类组织中何者应准其向理事会或主持某一届会议的委员会陈述意见，以及应准其就何种项目陈述意见，理事会非政府组织事务委员会应向理事会提出建议。须经理事会或主持相关会议的委员会同意后，这类组织有权向理事会或主持那届会议的委员会做一次陈述。如果理事会没有主管理事会及第二类组织所关切的主要事项的辅助机关，委员会得建议由第二类中某一组织就所关切的问题向理事会陈述意见。①

随着冷战的结束，非政府组织的数量在全球范围内迅速增长，特别是在发展中国家，要求参与联合国活动的非政府组织的数量也迅速增长。联合国进一步改革与非政府组织的关系显得十分必要。在1996年7月25日，联合国通过297号决议和经社理会的第31号决议对咨商制度进行了一定程度的调整。

1996年，经过彻底审查之后，经社理事会通过第1996/31号决议，该决议调整了获得咨商地位的非政府组织的条件，特别强调应

① Arrangements for Consultation with Non - governmental Organization, ECOSOC Resolution 1968/1296.

尽量确保来自所有区域，特别是发展中国家的非政府组织的参与，以期协助实现世界上所有区域和地区的非政府组织的公平、均衡、有效和真正的参与。应鼓励来自转型国家的非政府组织更多地参与。[①] 1996/31 号决议降低了经社理事会授予咨商地位的门槛，使得国际非政府组织在一国内部的支会或支部也可以申请咨商地位，使得国家层级、地区或分地区的非政府组织都有资格申请咨商地位。[②]

1996/31 号决议，确定了非政府组织的三类地位。第一类，全面咨商地位授予广大的国际非政府组织，此类组织与其所代表地区人民的经济及社会生活密切相关，且其成员为数众多并且能广泛代表世界各区域许多国家中社会的大部分阶层。第二类，特别咨商地位授予在经社理事会活动的一些领域中具有专门能力的非政府组织。第三种类别，即列入名册的类别，是给那些在其专门领域内有时能够对联合国的工作做出贡献，并且在回应请求时可以提供咨商的非政府组织。列入名册的非政府组织也可以包括在专门机构或其他联合国机构内具有咨商地位的组织。

具有咨商地位的非政府组织享有一些权利和责任。理事会的临时议程都发给这些组织，具有全面咨商地位的非政府组织有权将项目列入该议程和理事会附属机构的议程。具有全面咨商地位和特别咨商地位的组织可以指派受权代表以观察员身份列席理事会及其附属机构的公开会议。列入名册的组织可派代表出席与其主管领域内的事项有关的此种会议。具有全面咨商地位和特别咨商地位的组织

---

① Consultative Relationship between the United Nations and Non - governmental Organizations, ECOSOC Resolution 1996/31.

② 李金祥：《论联合国经社理事会咨商制度之变革》，载张贵洪主编《联合国研究》（2011 年第 1 期），世界知识出版社 2012 年 4 月版，第 201 页。

可提出书面简要说明，并作为联合国文件印发，分发理事会或附属机构各成员。列入名册的组织也可应邀提出书面说明。第 1996/31 号决议规定具有全面咨商地位和特别咨商地位的组织在理事会某些会议举行期间做出口头陈述。在经社理事会内具有咨商地位的非政府组织必须每 4 年提出一次活动报告。三类非政府组织的权利与义务见下表。

三类非政府组织的权利和义务

权力/义务	具有全面咨商地位的非政府组织	具有专门咨商地位的非政府组织	列入名册的非政府组织
与经社理事会工作有关	所有方面	某些方面	有限
具有经社理事会的咨询地位	是	是	是
是否可以指定联合国代表	是	是	是
是否可以应邀参加联合国会议	是	是	是
为经社理事会的议程提供项目建议	是	否	否
是否可以参加联合国会议	是	是	是
是否可以在经社理事会上发言	是	否	否
在经社理事会会议上分发声明	2000 字	500 字	否
在经社理事会附属机构会议上分发声明	2000 字	1500 字	否
可以在经社理事会附属机构会议上发言	是	是	否
必须每 4 年提交一次报告	是	是	否

联合国秘书长授权对具有咨商地位的非政府组织提供便利，包括：迅速有效地酌情颁发经社理事会及其附属机关的各种文件；取得联合国的新闻文件服务；安排各有关团体或组织就特别关注的事项进行非正式讨论；在大会处理经济、社会和有关领域各问题的公开会议中适当安排各组织的席位，并协助取得各处文件。

近年来，联合国与非政府组织的关系以经社理事会的咨商制度为基础在改革中不断发展。1997 年联合国秘书长安南在其题为《革新联合国：改革方案》的报告（A/51/950）中强调，日益增加的民间社会和非政府组织的参与有助于扩大国际合作的进程，激励联合国系统和其他政府间机构提高透明度并加强责任制，促进国家和国际决策与执行工作之间更密切的联系。安南在报告中提出，“联合国所有实质性部门将指派一名非政府组织联络干事，以便利民间社会与联合国联系。在国家一级，联合国系统应酌情创造更多机会来与政府和民间社会开展三方合作。联合国工作人员培训方案中将增列一个部分，专门训练与民间社会的合作。”①

2003 年 2 月，联合国秘书长安南任命了一个由巴西前总统卡多佐（Henrique Cardoso）担任主席的知名人士小组。安南要求该小组：审查影响非政府组织等公民社会组织进入和参与联合国议事和工作过程的各项指导方针、决定和惯例，探索联合国体系和其他国际组织中的最佳做法，以确定联合国同非政府组织和其他公民社会组织互动更好的途径；确定如何让发展中国家的非政府组织更容易地参与联合国活动的方式；审查秘书处的组织结构，以促进、管理和评价联合国同公民社会的关系。秘书长要求该小组通过广泛协商并在 12 个月内提交建议报告。② 知名人士小组于 2004 年 6 月 11 日提交了题为《我们人民：公民社会、联合国和全球治理》③ 的报告。联合

① 参见《革新联合国：改革方案》，A/51/950。

② 《我们人民：公民社会、联合国和全球治理——联合国与公民社会关系知名人士小组的报告》第 3 页，参见 http：//www. un org/chinese/reform/refordoc. htm。

③ 联合国中文网站将此报告的题目翻译为《我们人民：民间社会、联合国和全球施政》。

国秘书长非常重视该报告，安南在向联合国大会介绍该小组的报告并发表自己的看法时说：“我愿意为实现这些变革承担领导责任，并将以联合国系统首长协调理事会主席的身份向高级管理人员和联合国各机构首脑强调这些变革的重要性”；“我将就本报告所列的各项改革措施的执行情况定期向大会提出报告”[①]。

报告主要围绕以下 7 个方面展开探讨：增加非政府组织在政府间机构中的参与；建立信托基金以增加发展中国家非政府组织代表的参与；改进核证工作；加强联合国秘书处与非政府组织的对话；增强在国家一级与非政府组织的交往；探讨扩大联合国与公民社会伙伴关系办公室的可能性；管理变革进程。[②]

知名人士小组在报告中建议联合国应该成为一个更加开放的组织，并且在全球治理中发挥领导作用。联合国和非政府组织本身的性质不应该成为双方合作的障碍。开放性组织必须是多边方式的，多边方式的性质意味着有众多的参与者和支持者。联合国需要更加开放，一个问题可能涉及许多行为者，需要建立新的伙伴关系处理全球性挑战。报告还建议联合国各部门以协调一致的方式对待非政府组织，应该鼓励各国政府为非政府组织提供更为有利、更加宽松的合作环境。联合国与非政府组织的合作应该是整体的、全方位的合作，不应该是某些机构在某些方面与非政府组织的合作。例如，安理会与非政府组织的合作很少，非政府组织在安理会改革中应该能发挥其积极作用。

---

① 《秘书长关于联合国与公民社会关系知名人士小组报告的报告》第 9 页，参见 http：//www. un. org/chinese/reform/refordoc. htm。

② 《我们人民：公民社会、联合国和全球治理——联合国与公民社会关系知名人士小组的报告》第 9 页，参见 http：//www. un. org/chinese/reform/refordoc. htm。

该报告提出了一些具体的改革措施。例如联合国需要改进非政府组织参与其事务的核证与准入制度，提高效率、简化手续；由大会秘书处设立负责接收非政府组织申请的核证股，确保申请者提交必需的材料，并审查申请者对联合国的作用及其贡献能力。报告提议在纽约设立一个新的办公室，由一个副秘书长领导，直接向最高领导层负责。该办公室应包括以下机构：一个新设的公民社会股；一个新设的伙伴关系发展股，以现有的联合国国际伙伴关系基金为基础；新设一个民选代表联络股；另外该办公室还包括现有的全球契约办公室和土著问题常设论坛秘书处。公民社会股将为整个系统同公民社会紧密合作的工作人员提供服务和指导。伙伴关系发展股将为发展伙伴关系提供管理咨询、工作指导和业务支持，为了确保从伙伴关系工作中系统地总结经验，设立一个将联合国工作人员、各国政府、非政府组织和其他相关人员组成的伙伴关系评估论坛。民选代表联络股将提供服务，同各国议会和议员以及地方政府当局接触。

在参与联合国事务的非政府组织中，发达国家的非政府组织占多数，而来自发展中国家的非政府组织则要少得多。为解决这一失衡问题，小组建议设立一个基金，加强发展中国家非政府组织参与联合国事务的能力，资助经认可的发展中国家非政府组织代表参加政府间会议的差旅费，将目前用于资助参加特定政府间进程的信托基金并入新设立的基金，并将同主要利益相关者协商制定详细的费用计划、资助标准和基金管理程序。

报告从联合国现阶段的实际情况和特点出发，根据《联合国宪章》精神，体现了长期以来联合国改革所追求的目标。该报告中的一些具体建议虽然实施起来有相当的难度，但如得到切实贯彻，对非政府组织参与联合国事务能够起到重要的促进作用，为非政府组织提供了有利的舆论条件和事实根据。

经社理事会的咨商制度是联合国与非政府组织之间的正式关系的核心。该制度为非政府组织参与联合国事务提供了机制保障，促进了联合国与非政府组织关系的发展。近年来随着国际形势的变化发展，在咨商制度的基础上，联合国与非政府组织的关系在不断调整中发展。

第三节　联合国与非政府组织关系的特点及存在的问题

联合国既是全球民间社会高速发展的见证人，又是积极的参与者。同时，越来越多的非政府组织成为了联合国系统的合作伙伴。非政府组织在联合国主要会议均扮演重要角色，成为联合国工作中不可或缺的伙伴。随着不同领域的合作不断深入，联合国与非政府组织的关系在磨合中呈现出以下的新特点。

第一，联合国与非政府组织建立了新的对话合作机制。2012 年 6 月 22 日在巴西里约热内卢召开的联合国可持续发展大会首脑峰会即“里约 +20”峰会上，引入了“可持续发展对话”（Sustainable Development Dialogues）机制，并建立了面向社会各界的自愿承诺平台，来自公民社会的建议和承诺首次成为峰会的主要成果。“可持续发展对话”是由巴西政府牵头、大会执行协调办公室与联合国开发计划署支持的，第一次在联合国会议中正式引入与公民社会对话机制的试验，并取得了成功。在为时两个月的在线讨论中，上万名专家学者以及在可持续发展各个领域的实践者积极参与了10个可持续发展相关主题的讨论，并产生了100条政策建议。此后通过公众投票和现场辩论，最终形成30条政策建议提交给峰会的高级别圆桌会议。这30条建议汇集了全球上百万张选票的支持以及100位各界权威人士和现场上万名观众的智慧与热情。一位参加现场辩论的观众感叹说，他亲自见证了全球治理新模式的诞生。而多位“可持续发展对话”的组织者和参与者，如巴西总统罗塞夫、国际工会联盟秘书长巴洛、哥伦比亚大学杰弗里·萨克斯等人都表示该对话机制是联合国系统的重大创新，应当在今后的联合国会议中继续推行、以加强非政府组织等公民社会在国际会议中的参与，并让他们有机会为会议的结果做出积极的贡献。“自愿承诺平台”最初只是一家环保组织的想法，因为以切实行动为导向的理念恰恰填补了目前政府间谈判的不足，于是最终被大会秘书处采纳，并使之成为本次峰会的重要成果之一。在平台建立短短十几天的时间内征集到了超过700份来自政府、联合国系统、私营机构、非政府组织的自愿承诺，共计5000亿美元的资金将被投入到可持续发展领域，成为峰会官方成果文件的重要补充。时任联合国副秘书长的大会秘书长沙祖康先生称“自愿承诺平台”将是“里约+20”峰会留给后人的重要遗产之一。[①]

如何有效地促进公民社会与各国政府间的直接、平等对话，如何建立、加强其在可持续发展问题上的合作伙伴关系，这是联合国

---

① 张鑫：《我们憧憬的未来：所期望的与所践行的》，载于《世界环境》2012年第4期，第45页。

与非政府组织合作中长期面临的问题。“里约+20”峰会上的“可持续发展对话”和“自愿承诺平台”，开创了有效的、充分交流与合作的平台，为今后民间社会参与国际事务开辟了新的渠道。

第二，在联合国决策中非政府组织的作用越来越重要。非政府组织大多在倡导公益目标的同时，积极参与解决公益性问题。联合国在应对全球性问题中，各成员国由于经济发展水平、价值观念和国家利益的分歧与冲突，导致谈判进程缓慢，在决策中难以形成一致，未能达到国际社会的预期目标。非政府组织积极参与联合国的谈判与决策过程，通过各种形式影响决策过程。例如，2010年坎昆气候谈判中，参加会议的非政府组织联盟组织“国际气候行动网络”（Climate Action Network－International，CAN）每天都要评选出3个最不给力的谈判国家，并在各种会谈结束后，在会场外举行仪式颁发“化石奖”。“国际气候行动网络”在谈判期间每天发行免费的日报，实时公开谈判细节，增加谈判的透明度；还组织了大量的游行来吸引媒体的注意力，制造舆论氛围同时也给谈判各方造成了许多无形的压力。在2012年的“里约+20”峰会期间，来自世界各地的非政府组织举行了“人民峰会”，非政府组织提交了事先准备好的建议案。“人民峰会”的代表艾拉·佩特科斯基在记者会上公开表示，“人民峰会”代表了对“里约+20”峰会的激烈批评。即便如此，联合国还是肯定了“人民峰会”的作用。峰会最后一天，联合国秘书长潘基文会见了“人民峰会”的代表，高度赞扬了“人民峰会”在“里约+20”峰会中扮演的重要角色。非政府组织通过参与会议准备、确定会议议程、提交建议报告等形式影响联合国决策。近年来，联合国在应对全球性问题的决策过程中重视非政府组织的作用，在“里约+20”峰会最后发表的《我们想要的未来》等重要文件中均体现了非政府组织的建议。

第三，来自发展中国家的非政府组织参与联合国事务越来越多。长期以来，非政府组织在发达国家获得了较好的发展机遇，而在发展中国家，非政府组织的发展环境相对较差。在世界范围内，来自发达国家的非政府组织无论是在资金、人员，还是在国际化程度等方面都占有绝对优势，积极参与国际事务的非政府组织多数是来自发达国家。发展中国家的非政府组织由于缺乏资金、专业人员和国际经验，参与国际事务相对较少。然而，这一局面正在发生变化，越来越多的来自发展中国家的非政府组织参与联合国事务并发挥着重要作用。根据联合国最新统计数据，与联合国经社理事会建立联系的非政府组织中来自非洲的有6731家、来自亚洲的有4756家、来自拉美和加勒比地区的有2817家、来自欧洲的有4562家、来自北美的有4021家、来自大洋洲的有680家。[①] 来自非洲国家、中国、印度、巴西等国的非政府组织在联合国框架下发挥着越来越重要的作用。非政府组织在联合国框架下的作用凸显，这主要有两方面的原因：一方面，联合国关注的全球性问题在广大发展中国家尤为明显，如环境、教育、人权、粮食安全等问题在发展中国家较为突出，这为发展中国家的非政府组织参与联合国事务提供了空间；另一方面，更主要的是随着经济、社会条件的发展和权利意识的提高，发展中国家的非政府组织的活动能力提高，许多发展中国家为本国非政府组织参与联合国事务提供支持。今后，来自发展中国家的非政府组织与联合国的合作会更加密切，其作用也会进一步提高。

联合国与非政府组织的合作关系较之以前取得了明显进展，但

---

① 参见联合国网站：http：//esango. un. org/civilsociety/login. do。

是合作中仍然存在一些问题。

首先，联合国面临的现实挑战阻碍了其与非政府组织关系的发展，不利于非政府组织更多地参与其事务。随着全球化的深入发展，国际政治力量此消彼长，主权国家特别是少数大国主导国际事务的格局没有改变，新的国际组织和国际多边合作机制不断产生，对联合国的地位和作用形成了挑战。金融危机、气候变化等全球性问题影响范围广、解决难度大，联合国由于成员国众多、官方谈判进程缓慢，在应对有些重大全球性问题中反应迟缓、效率不高，联合国没有发挥应有的主导作用。在新的挑战面前，联合国并没有很好地解决原有的问题。长期以来，联合国一直面临着机构臃肿的问题，需要裁减工作人员和精简机构。非政府组织越来越多，参与联合国事务的非政府组织也越来越多，要求联合国增设新的机构来专门处理非政府组织参与方面的事务有相当难度，这是联合国与非政府组织关系发展中必须面临的现实困难。同时联合国经费短缺，面临着财政危机，投入大量的资金保障非政府组织的参与也是不现实的。会议冗长、议题过多、决策缓慢是联合国的另一个问题，非政府组织的参与可能会加剧这些问题，这使得联合国对非政府组织的参与更加谨慎。

其次，非政府组织发展中存在的问题也影响着联合国与非政府组织关系的发展。非政府组织作为一种理念和制度创新，冷战结束后在世界范围内快速发展，在数量高速增长中，非政府组织面临着诸多急需解决的问题。非政府组织不具备完全的国际法主体资格，无法承担国际法上的权利和义务，限制了其国际活动能力，不利于非政府组织参与联合国事务。非政府组织的合法性、代表性和责任性一直受到质疑。参与联合国事务的非政府组织一般是以社会公益为价值目标，是为公众利益服务的，但是非政府组织是自发性、志愿性的组织，不是按法定程序选举产生的。非政府组织能否真正代表其所服务的对象受到了质疑。除此之外，发展中国家的非政府组织质疑发达国家的非政府组织代表它们说话的权利；妇女质疑由男性控制的非政府组织代表她们说话的权利。许多发展中国家的非政府组织的资金主要来自发达国家非政府组织的援助，这些接受资助的非政府组织能否不受资助者的影响保持独立性也令人怀疑。非政府组织在与联合国的合作中并没有形成合力，还是单独行动较多。不同的非政府组织或者是来自不同国家的非政府组织参加同一项活动，可能主张会完全相反，这样，整体上非政府组织的活动会给人以混乱的印象，必然会影响到活动效果。如果主张和目标相同的组织在参加活动之前有沟通和合作，通过联合行动共同参与会比单独行动取得更好的效果。主张和目标相反的组织如果有事先的沟通，避免正面的碰撞，就可能避免抵消活动的效果。此外，非政府组织数量众多，其内部管理并非都能做到公开化、透明化和民主化。作为服务的提供者非政府组织不一定需要健全有效的管理体制，但是作为社会的行动者和负责任的国际事务参与者必须有这些制度。非政府组织作为全球体系的积极行动者和参与者，在全球范围内推动公正、平等、民主与责任性，那么显而易见，需要把这些特点反映在它们自己的体系与结构中。[①] 非政府组织要更多更有效地参与国际事务，需要加强自身的管理和形象建设，需要增强社会的信任度。非政府组织在活动时需要更多地与当地政府沟通，需要在政府允许下合法活动。只有树立了良好的社会形象，内部管理健全并且具有

① 何增科：《公民社会与第三部门》，社会科学文献出版社 2000 年版，第 313 页。

合法手续的非政府组织才能与联合国进行良性互动与合作。

再次，联合国如何把握与非政府组织合作中的“度”。目前，包括联合国和非政府组织在内，国际社会普遍认为联合国需要与非政府组织开展合作，这是形势所需的互利行为。联合国秘书长潘基文曾经在《我作为联合国秘书长所关注的优先事项》中指出：“面对当代各种紧迫的问题，我决心同会员国和民间社会一起努力，一步一步地，累积所取得的每一点成绩，向前推进。”[①] 联合国需要利用非政府组织的智力资源和解决全球性问题的热情，非政府组织提供的资料信息、调查报告、收集整理的社会各界的意见对联合国的决策具有建设性作用，联合国以发包的形式将一些具体工作分包给非政府组织落实执行。毫不夸张地说，今天联合国的工作已经离不开非政府组织，联合国需要与非政府组织进行合作。关键问题是，联合国如何适度地与非政府组织合作。联合国如果过多地允许非政府组织参与其事务，一方面可能会引起会员国的反对，部分会员国甚至认为非政府组织的参与会影响和改变联合国的政府间国际组织的性质。另一方面，非政府组织的参与会进一步影响联合国的决策效率，在组织决策中参与主体越多，决策效率越低。在解决全球性问题中，主权国家之间由于价值理念不同、国家利益冲突严重，达成有效一致的难度很大，如果非政府组织过多地参与其中，联合国的效率会更低。联合国目前与非政府组织合作过程中采取的措施是固定联系机制和临时措施相结合。一方面，联合国相关部门设立机构专门处理与非政府组织相关的事务，如联合国经社理事会、新闻部等，并且建立准入制度，对相关非政府组织的资格、权利和义务做

① 参见联合国网站：http：//www. un. org/zh/civilsociety/。

出严格规定，定期进行审查，如达不到要求则取消其资格。另一方面，联合国在有需要时，临时与非政府组织合作，例如在会议准备过程中邀请非政府组织参与。针对目前这种状况，非政府组织对联合国非常不满，非政府组织认为他们的意见和呼声没有很好的表达，联合国对非政府组织是“召之即来挥之即去”，联合国需要利用非政府组织时则主动合作，不需要时则进行严格的限制。所以，联合国如何发挥非政府组织的建设性作用，同时又不影响自身的运作效率；既要调动非政府组织参与联合国事务的积极性满足其参与要求，又不招致成员国的反对；联合国在多大程度上与非政府组织开展有效的合作这是联合国面临的长期挑战。

全球治理中联合国任重道远

全球治理是国际社会应对全球化消极影响的必然选择，目前全球治理还在磨合中发展，全球治理需要各国际行为体在目标趋同的背景下开展高效合作。联合国作为世界上最大、最具代表性的国际组织，积极参加全球治理并在其中发挥重要作用是联合国实现其宗旨和使命的重要途径。全球治理需要联合国这样具有权威性和代表性的国际合作平台，联合国也需要通过全球治理强化其在国际社会中的地位和作用。

目前，联合国在全球治理中的作用可以归纳为以下几种。

第一，全球治理的合作平台。全球治理需要不同类型的国际行为主体开展合作，全球治理合作需要成熟的合作平台，而联合国是国际社会最具公信力和最具代表性的国际合作平台。70 年来联合国一直是国际合作的重要平台，在联合国的平台上达成了许多历史性的国际合作。例如，联合国作为全球治理合作平台最成功的是在应对气候变化领域。迄今为止，应对气候变化的重要合作都是在联合国平台上进行的，每年一次联合国应对气候变化大会成为全球应对气候变化最重要的合作机制，并且取得了实质性进展。虽然进展与国际社会的预期有较大差距，但是确立了逐步实现的减排目标，各国之间达成了减排的量化协议，各国的减排行动也缓解了气候变化的消极后果。在联合国的合作平台上，主权国家、政府间国际组织和民间社会都积极参与其中，发挥了各自的作用，共同推动了国际社会应对气候变化的合作，确立了目标，制定了行动规则。

第二，全球治理的行为主体。在全球治理中，联合国除了扮演国际合作平台的角色之外，还是治理主体，积极参与治理行动。例如，在人道主义救援领域，联合国及其相关机构执行着非常繁重的救援任务，从战争冲突到自然灾害的现场，从救助难民到应对传染病的一线，他们为救助那些急需帮助的弱势群体提供了至关重要的援助。联合国及其相关机构是国际人道主义救援领域的主力军。

第三，既是全球治理的合作平台又是行为主体。在安全领域，联合国安理会和联合国大会是各国展开安全合作的重要场所，尤其是安理会，几乎所有关系国际社会安全的重大问题都是在安理会讨论，重要的决策也是由安理会及其常任理事国做出的。联合国大会是各会员国进行政策辩论、发表各自主张的重要场所，特别是对于一些小国来说联合国大会是其难得的舞台，可以通过联合国大会传递其主张和声音。在安全领域，联合国不仅为各会员国特别是安理会成员国提供了商讨安全问题的合作平台，而且是落实安理会决议的重要行为主体。例如，联合国在重大安全问题出现后，往往在第一时间调查问题的真相，展开调停、斡旋活动。另外，联合国维和行动是在联合国的组织和直接指挥下进行的。

除此之外，在全球治理中联合国的作用还包括倡导全球治理理念、确立治理目标、制定治理规则、推动国际立法等。联合国以合作的方式与理念推动全球性问题的解决，在全世界范围内倡导了不同行为主体合作治理的理念。在气候变化领域，在联合国主导下确立每个阶段的减排目标和各国的量化任务，确立了“共同而又区别”的原则。联合国在全球治理中发挥了重要作用。

具体而言，联合国在各领域的治理中发挥的作用各不相同。在安全治理领域，联合国既是重要的国际合作平台，又是安全治理的重要参与者。联合国的安全治理行动有成功也有失败，但是联合国的作用不可替代。在经济治理领域，联合国既未成为国际合作的平台也未成为经济治理的主体，在经济治理领域联合国几乎没有起到什么实际作用。在经济治理领域还有联合国发挥重要作用的潜力和空间。在环境治理领域，尤其是在应对气候变化方面，联合国充分发挥了国际合作平台的作用，推动了主权国家、国际组织和非政府组织的合作，分阶段地制定了减排温室气体的目标，并且推动了各国的减排行动。联合国在其中发挥了不可替代的重要作用。在人道主义治理领域，联合国是进行人道主义救援的重要主体。联合国及其机构不仅积极投入到人道主义救援行动中，而且呼吁国际社会开展合作，共同应对战争冲突、自然灾害等带来的人道主义危机。在全球治理中，联合国在各领域中的作用不可一概而论，在有的领域发挥了不可替代的重要作用；在有的领域却未能发挥重要作用，亟待加强。

随着全球化的深入发展，全球治理也将会进一步深入发展。目前联合国在全球治理中的作用还未充分发挥，联合国如何在未来的全球治理中扮演更加重要的角色？

第一，明确在全球治理中的角色定位，合作平台、行为主体还是兼而有之？联合国在全球治理中的角色根据具体领域的不同而有所区别。在安全领域，联合国已经充分发挥了合作平台和行为主体的作用，在环境领域很好地发挥了合作平台的作用，在人道主义救援领域发挥了重要的行为主体的作用。在经济治理领域，联合国可以发挥国际合作平台作用，目前这方面的作用还未充分体现。角色定位直接决定联合国在全球治理中的作用。联合国虽然有其不可比拟的优势，但是联合国可直接支配的资源有限，其行为能力与主权国家比较起来也相对有限，所以不可能在每个领域都能发挥关键作用。联合国在全球治理中选择性地“有所为而有所不为”是扬长避短充分发挥其作用的基础。

第二，协调与大国的关系。这是联合国长期面临的问题，更是在全球治理中必须面对的问题。在全球治理中，各国有共同利益，更重要的是各国之间存在利益冲突，有时甚至是零和博弈。长期以来，联合国的正常运转及其作用的发挥依赖会员国的支持特别是大国的支持，大国不仅行为能力强而且掌握着国际话语权。大国在联合国框架下达成共识并且集体行动，无疑会有助于联合国作用的发挥。当大国之间利益冲突不能协调，则有可能将联合国的权威置于不顾。联合国如果在全球治理中促进大国协调立场，形成合力，共同应对全球性问题，将会进一步增强其作为国际合作平台的作用。

第三，与其他国际组织和民间社会加强合作。在全球治理中联合国需要与非国家行为体开展密切的合作。国际组织、非政府组织等非国家行为体与主权国家最大的不同就是，主权国家的政策与行为受国家利益的制约，而国际组织和非政府组织一般是维护公众利益和特定群体利益。除了联合国之外，其他政府间国际组织和非政府组织积极参与全球治理，在价值取向和目标上也是趋同的。但是在有些领域，联合国与其他国际组织和国际合作机制存在一定的竞争，例如，在全球经济治理方面，联合国与 G20 就存在一定竞争，但是目标是基本一致的，并没有根本利益的冲突，可以通过合作取长补短相互促进。目前，非政府组织是联合国全球治理中重要的合作伙伴，在人道主义救援和应对气候变化方面非政府组织是联合国不可或缺的合作伙伴。为了提升合作水平和效果，联合国需要进一步改进与非政府组织的合作方式。

2015 年是联合国成立 70 周年。70 年来，联合国努力地适应国际社会发展的需求，活动领域与范围不断扩大，联合国的地位和作用早就被国际社会认可。70 年来，联合国经历了成果与挫折，却从未放弃其宗旨和原则。如今，联合国站在新的起点上开始了新的征程，制定新的目标，朝着新的目标迈进。2015 年，联合国千年发展目标到期，国际社会期待着在联合国主导下制定新的发展目标；应对气候变化也需要在年底之前确立新的量化减排目标。战争与冲突一刻都未停息，而恐怖主义势力等威胁和平的因素却在不断发展。世界经济尚未从 2008 年全球性金融危机中完全复苏，国际油价暴跌等新的不稳定因素仍然威胁着世界经济的发展。埃博拉病毒刚刚有所控制，而新一轮的难民危机正在影响着欧洲，在社会领域同样存在着诸多不稳定因素。在全球化时代，解决这些问题需要国际社会以全球治理的方式合作解决，而联合国仍然是国际合作的重要平台。联合国强大，世界更美好！全球治理强大，世界更美好！

附录：《联合国宪章》

《联合国宪章》是 1945 年 6 月 26 日联合国国际组织会议结束时在旧金山签字的，于 1945 年 10 月 24 日生效。国际法院规约是宪章的组成部分。

宪章第二十三、第二十七和第六十一条的修正案由大会于 1963 年 12 月 17 日通过，于 1965 年 8 月 31 日生效。第六十一条的进一步修正案由大会于 1971 年 12 月 20 日通过，于 1973 年 9 月 24 日生效。第一百零九条修正案由大会于 1965 年 12 月 20 日通过，于 1968 年 6 月 12 日生效。

第二十三条修正案将安全理事会成员自十一国增至十五国。第二十七条修正案规定安全理事会关于程序事项的决定应由九个理事国（原先为七个）的可决票做出，关于一切其他事项的决定则由九个理事国（原先为七个）的可决票，其中包括安全理事会五个常任理事国的同意票做出。

第六十一条修正案于 1965 年 8 月 31 日生效，将经济及社会理事会的成员自十八国增至二十七国。该条的进一步修正案于 1973 年 9 月 24 日生效，将经社理事会的成员自二十七国增至五十四国。

第一百零九条修正案是修正该条第一项，规定会员国为审查本宪章，得以大会会员国三分之二表决，经安全理事会任何九个理事国（原先为七个）之表决，确定日期及地点举行全体会议。第一百零九条第三项涉及大会第十届常会期间可能举行审查会议的问题，仍然保留原来的行文："安全理事会任何七个理事国之表决"，1955年大会第十届常会和安全理事会根据该项规定采取了行动。

序言

我联合国人民同兹决心

欲免后世再遭今代人类两度身历惨不堪言之战祸，重申基本人权，人格尊严与价值，以及男女与大小各国平等权利之信念，创造适当环境，俾克维持正义，尊重由条约与国际法其他渊源而起之义务，久而弗懈，促成大自由中之社会进步及较善之民生。

并为达此目的

力行容恕，彼此以善邻之道，和睦相处，集中力量，以维持国际和平及安全，接受原则，确立方法，以保证非为公共利益，不得使用武力，运用国际机构，以促成全球人民经济及社会之进展，用是发愤立志，务当同心协力，以竟厥功。

爰由我各本国政府，经齐集金山市之代表各将所奉全权证书，互相校阅，均属妥善，议定本联合国宪章，并设立国际组织，定名联合国。

第一章：宗旨及原则

第一条

联合国之宗旨为：

一、维持国际和平及安全；并为此目的：采取有效集体办法，以防止且消除对于和平之威胁，制止侵略行为或其他和平之破坏；并以和平方法且依正义及国际法之原则，调整或解决足以破坏和平之国际争端或情势。

二、发展国际间以尊重人民平等权利及自决原则为根据之友好关系，并采取其他适当办法，以增强普遍和平。

三、促成国际合作，以解决国际间属于经济、社会、文化及人类福利性质之国际问题，且不分种族、性别、语言或宗教，增进并激励对于全体人类之人权及基本自由之尊重。

四、构成一协调各国行动之中心，以达成上述共同目的。

第二条

为求实现第一条所述各宗旨起见，本组织及其会员国应遵行下列原则：

一、本组织系基于各会员国主权平等之原则。

二、各会员国应一秉善意，履行其依本宪章所担负之义务，以保证全体会员国由加入本组织而发生之权益。

三、各会员国应以和平方法解决其国际争端，俾免危及国际和平、安全及正义。

四、各会员国在其国际关系上不得使用威胁或武力，或以与联合国宗旨不符之任何其他方法，侵害任何会员国或国家之领土完整或政治独立。

五、各会员国对于联合国依本宪章规定而采取之行动，应尽力予以协助，联合国对于任何国家正在采取防止或执行行动时，各会员国对该国不得给予协助。

六、本组织在维持国际和平及安全之必要范围内，应保证非联合国会员国遵行上述原则。

七、本宪章不得认为授权联合国干涉在本质上属于任何国家国内管辖之事件，且并不要求会员国将该项事件依本宪章提请解决；但此项原则不妨碍第七章内执行办法之适用。

第二章：会员

第三条

凡曾经参加金山联合国国际组织会议或前此曾签字于一九四二年一月一日联合国宣言之国家，签订本宪章，且依宪章第一百一十条规定而予以批准者，均为联合国之创始会员国。

第四条

一、凡其他爱好和平之国家，接受本宪章所载之义务，经本组织认为确能并愿意履行该项义务者，得为联合国会员国。

二、准许上述国家为联合国会员国，将由大会经安全理事会之推荐以决议行之。

第五条

联合国会员国，业经安全理事会对其采取防止或执行行动者，大会经安全理事会之建议，得停止其会员权利及特权之行使。此项权利及特权之行使，得由安全理事会恢复之。

第六条

联合国之会员国中，有屡次违犯本宪章所载之原则者，大会经安全理事会之建议，得将其由本组织除名。

第三章：机关

第七条

一、兹设联合国之主要机关如下：大会、安全理事会、经济及社会理事会、托管理事会、国际法院及秘书处。

二、联合国得依本宪章设立认为必需之辅助机关。

第八条

联合国对于男女均得在其主要及辅助机关在平等条件之下，充任任何职务，不得加以限制。

第四章：大会

组织

第九条

一、大会由联合国所有会员国组织之。

二、每一会员国在大会之代表，不得超过五人。

职权

第十条

大会得讨论本宪章范围内之任何问题或事项，或关于本宪章所规定任何大会之职权；并除第十二条所规定外，得向联合国会员国或安全理事会或兼向两者，提出对各该问题或事项之建议。

第十一条

一、大会得考虑关于维持国际和平及安全之合作之普通原则，包括军缩及军备管制之原则；并得向会员国或安全理事会或兼向两者提出对于该项原则之建议。

二、大会得讨论联合国任何会员国或安全理事会或非联合国会员国依第三十五条第二项之规定向大会所提关于维持国际和平及安全之任何问题；除第十二条所规定外，并得向会员国或安全理事会或兼向两者提出对于各该项问题之建议。凡对于需要行动之各该项问题，应由大会于讨论前或讨论后提交安全理事会。

三、大会对于足以危及国际和平与安全之情势，得提请安全理事会注意。

四、本条所载之大会权力并不限制第十条之概括范围。

第十二条

一、当安全理事会对于任何争端或情势，正在执行本宪章所授予该会之职务时，大会非经安全理事会请求，对于该项争端或情势，不得提出任何建议。

二、秘书长经安全理事会之同意，应于大会每次会议时，将安全理事会正在处理中关于维持国际和平及安全之任何事件，通知大会；于安全理事会停止处理该项事件时，亦应立即通知大会，或在大会闭会期内通知联合国会员国。

第十三条

一、大会应发动研究，并作成建议：

（子）以促进政治上之国际合作，并提倡国际法之逐渐发展与编纂。

（丑）以促进经济、社会、文化、教育及卫生各部门之国际合作，且不分种族、性别、语言或宗教，助成全体人类之人权及基本自由之实现。

二、大会关于本条第一项（丑）款所列事项之其他责任及职权，于第九章及第十章中规定之。

第十四条

大会对于其所认为足以妨害国际间公共福利或友好关系之任何情势，不论其起源如何，包括由违反本宪章所载联合国之宗旨及原则而起之情势，得建议和平调整办法，但以不违背第十二条之规定为限。

第十五条

一、大会应收受并审查安全理事会所送之常年及特别报告；该项报告应载有安全理事会对于维持国际和平及安全所已决定或施行之办法之陈述。

二、大会应收受并审查联合国其他大会所送之报告。

第十六条

大会应执行第十二章及第十三章所授予关于国际托管制度之职务，包括关于非战略防区托管协定之核准。

第十七条

一、大会应审核本组织之预算。

二、本组织之经费应由各会员国依照大会分配限额担负之。

三、大会应审核经与第五十七条所指各种专门大会订定之任何财政及预算办法，并应审查该项专门大会之行政预算，以便向关系大会提出建议。

投票

第十八条

一、大会之每一会员国，应有一个投票权。

二、大会对于重要问题之决议应以到会及投票之会员国三分之二多数决定之。此项问题应包括：关于维持国际和平及安全之建议，安全理事会非常任理事国之选举，经济及社会理事会理事国之选举，依第八十六条第一项（寅）款所规定托管理事会理事国之选举，对于新会员国加入联合国之准许，会员国权利及特权之停止，会员国之除名，关于施行托管制度之问题，以及预算问题。

三、关于其他问题之决议，包括另有何种事项应以三分之二多数决定之问题，应以到会及投票之会员国过半数决定之。

第十九条

凡拖欠本组织财政款项之会员国，其拖欠数目如等于或超过前两年所应缴纳之数目时，即丧失其在大会投票权。大会如认拖欠原因，确由于该会员国无法控制之情形者，得准许该会员国投票。

程序

第二十条

大会每年应举行常会，并于必要时举行特别会议。特别会议应由秘书长经安全理事会或联合国会员国过半数之请求召集之。

第二十一条

大会应自行制定其议事规则。大会应选举每次会议之主席。

第二十二条

大会得设立其认为于行使职务所必需之辅助大会。

第五章：安全理事会

组织

第二十三条

一、安全理事会以联合国十五会员国组织之。中华民国、法兰西、苏维埃社会主义共和国联盟、大不列颠及北爱尔兰联合王国及美利坚合众国应为安全理事会常任理事国。大会应选举联合国其他十会员国为安全理事会非常任理事国，选举时首宜充分斟酌联合国各会员国于维持国际和平与安全及本组织其余各宗旨上之贡献，并宜充分斟酌地域上之公匀分配。

二、安全理事会非常任理事国任期定为二年。安全理事会理事国自十一国增至十五国后第一次选举非常任理事国时，所增四国中两国之任期应为一年。任满之理事国不得即行连选。

三、安全理事会每一理事国应有代表一人。

职权

第二十四条

一、为保证联合国行动迅速有效起见，各会员国将维持国际和平及安全之主要责任，授予安全理事会，并同意安全理事会于履行此项责任下之职务时，即系代表各会员国。

二、安全理事会于履行此项职务时，应遵照联合国之宗旨及原则。为履行此项职务而授予安全理事会之特定权力，于本宪章第六章、第七章、第八章及第十二章内规定之。

三、安全理事会应将常年报告、并于必要时将特别报告，提送大会审查。

第二十五条

联合国会员国同意依宪章之规定接受并履行安全理事会之决议。

第二十六条

为促进国际和平及安全之建立及维持，以尽量减少世界人力及经济资源之消耗于军备起见，安全理事会借第四十七条所指之军事参谋团之协助，应负责拟具方案，提交联合国会员国，以建立军备管制制度。

投票

第二十七条

一、安全理事会每一理事国应有一个投票权。

二、安全理事会关于程序事项之决议，应以九理事国之可决票表决之。

三、安全理事会对于其他一切事项之决议，应以九理事国之可决票包括全体常任理事国之同意票表决之；但对于第六章及第五十二条第三项内各事项之决议，争端当事国不得投票。

程序

第二十八条

一、安全理事会之组织，应以使其能继续不断行使职务为要件。

为此目的，安全理事会之各理事国应有常驻本组织会所之代表。

二、安全理事会应举行定期会议，每一理事国认为合宜时得派政府大员或其他特别指定之代表出席。

三、在本组织会所以外，安全理事会得在认为最能便利其工作之其他地点举行会议。

第二十九条

安全理事会得设立其认为于行使职务所必需之辅助机关。

第三十条

安全理事会应自行制定其议事规则，包括其推选主席之方法。

第三十一条

在安全理事会提出之任何问题，经其认为对于非安全理事会理事国之联合国任何会员国之利益有特别关系时，该会员国得参加讨论，但无投票权。

第三十二条

联合国会员国而非为安全理事会之理事国，或非联合国会员国之国家，如于安全理事会考虑中之争端为当事国者，应被邀参加关于该项争端之讨论，但无投票权。安全理事会应规定其所认为公平之条件，以便非联合国会员国之国家参加。

第六章：争端之和平解决

第三十三条

一、任何争端之当事国，于争端之继续存在足以危及国际和平与安全之维持时，应尽先以谈判、调查、调停、和解、公断、司法解决、区域机关或区域办法之利用，或各该国自行选择之其他和平方法，求得解决。

二、安全理事会认为必要时，应促请各当事国以此项方法，解决其争端。

第三十四条

安全理事会得调查任何争端或可能引起国际磨擦或惹起争端之任何情势，以断定该项争端或情势之继续存在是否足以危及国际和平与安全之维持。

第三十五条

一、联合国任何会员国得将属于第三十四条所指之性质之任何争端或情势，提请安全理事会或大会注意。

二、非联合国会员国之国家如为任何争端之当事国时，经预先声明就该争端而言接受本宪章所规定和平解决之义务后，得将该项争端，提请大会或安全理事会注意。

三、大会关于按照本条所提请注意事项之进行步骤，应遵守第十一条及第十二条之规定。

第三十六条

一、属于第三十三条所指之性质之争端或相似之情势，安全理事会在任何阶段，得建议适当程序或调整方法。

二、安全理事会对于当事国为解决争端业经采取之任何程序，理应予以考虑。

三、安全理事会按照本条作成建议时，同时理应注意凡具有法律性质之争端，在原则上，理应由当事国依国际法院规约之规定提交国际法院。

第三十七条

一、属于第三十三条所指之性质之争端，当事国如未能依该条所示方法解决时，应将该项争端提交安全理事会。

二、安全理事会如认为该项争端之继续存在，在事实上足以危及国际和平与安全之维持时，应决定是否当依第三十六条采取行动或建议其所认为适当之解决条件。

第三十八条

安全理事会如经所有争端当事国之请求，得向各当事国作成建议，以求争端之和平解决，但以不妨碍第三十三条至第三十七条之规定为限。

第七章：对于和平之威胁、和平之破坏及侵略行为之应付办法

第三十九条

安全理事会应断定任何和平之威胁、和平之破坏或侵略行为之是否存在，并应作成建议或抉择依第四十一条及第四十二条规定之办法，以维持或恢复国际和平及安全。

第四十条

为防止情势之恶化，安全理事会在依第三十九条规定作成建议或决定办法以前，得促请关系当事国遵行安全理事会所认为必要或合宜之临时办法。此项临时办法并不妨碍关系当事国之权利、要求或立场。安全理事会对于不遵行此项临时办法之情形，应予适当注意。

第四十一条

安全理事会得决定所应采武力以外之办法，以实施其决议，并得促请联合国会员国执行此项办法。此项办法得包括经济关系、铁路、海运、航空、邮、电、无线电及其他交通工具之局部或全部停止，以及外交关系之断绝。

第四十二条

安全理事会如认第四十一条所规定之办法为不足或已经证明为不足时，得采取必要之空海陆军行动，以维持或恢复国际和平及安

全。此项行动得包括联合国会员国之空海陆军示威、封锁及其他军事举动。

第四十三条

一、联合国各会员国为求对于维持国际和平及安全有所贡献起见，担任于安全理事会发令时，并依特别协定，供给为维持国际和平及安全所必需之军队、协助及便利，包括过境权。

二、此项特别协定应规定军队之数目及种类，其准备程度及一般驻扎地点，以及所供便利及协助之性质。

三、此项特别协定应以安全理事会之主动，尽速议订。此项协定应由安全理事会与会员国或由安全理事会与若干会员国之集团缔结之，并由签字国各依其宪法程序批准之。

第四十四条

安全理事会决定使用武力时，于要求非安全理事会会员国依第四十三条供给军队以履行其义务之前，如经该会员国请求，应请其遣派代表，参加安全理事会关于使用其军事部队之决议。

第四十五条

为使联合国能采取紧急军事办法起见，会员国应将其本国空军部队为国际共同执行行动随时供给调遣。此项部队之实力与准备之程度，及其共同行动之计划，应由安全理事会以军事参谋团之协助，在第四十三条所指之特别协定范围内决定之。

第四十六条

武力使用之计划应由安全理事会以军事参谋团之协助决定之。

第四十七条

一、兹设立军事参谋团，以便对于安全理事会维持国际和平及安全之军事需要问题，对于受该会所支配军队之使用及统率问题，对于军备之管制及可能之军缩问题，向该会贡献意见并予以协助。

二、军事参谋团应由安全理事会各常任理事国之参谋总长或其代表组织之。联合国任何会员国在该团未有常任代表者，如于该团责任之履行在效率上必需该国参加其工作时，应由该团邀请参加。

三、军事参谋团在安全理事会权力之下，对于受该会所支配之任何军队，负战略上之指挥责任；关于该项军队之统率问题，应待以后处理。

四、军事参谋团，经安全理事会之授权，并与区域内有关机关商议后、得设立区域分团。

第四十八条

一、执行安全理事会为维持国际和平及安全之决议所必要之行动，应由联合国全体会员国或由若干会员国担任之，一依安全理事会之决定。

二、此项决议应由联合国会员国以其直接行动及经其加入为会员之有关国际机关之行动履行之。

第四十九条

联合国会员国应通力合作，彼此协助，以执行安全理事会所决定之办法。

第五十条

安全理事会对于任何国家采取防止或执行办法时，其他国家，不论其是否为联合国会员国，遇有因此项办法之执行而引起之特殊经济问题者，应有权与安全理事会会商解决此项问题。

第五十一条

联合国任何会员国受武力攻击时，在安全理事会采取必要办法，以维持国际和平及安全以前，本宪章不得认为禁止行使单独或集体自卫之自然权利。会员国因行使此项自卫权而采取之办法，应立向安全理事会报告，此项办法于任何方面不得影响该会按照本宪章随时采取其所认为必要行动之权责，以维持或恢复国际和平及安全。

第八章：区域办法

第五十二条

一、本宪章不得认为排除区域办法或区域机关、用以应付关于维持国际和平及安全而宜于区域行动之事件者；但以此项办法或机关及其工作与联合国之宗旨及原则符合者为限。

二、缔结此项办法或设立此项机关之联合国会员国，将地方争端提交安全理事会以前，应依该项区域办法，或由该项区域机关，力求和平解决。

三、安全理事会对于依区域办法或由区域机关而求地方争端之和平解决，不论其系由关系国主动，或由安全理事会提交者，应鼓励其发展。

四、本条绝不妨碍第三十四条及第三十五条之适用。

第五十三条

一、安全理事会对于职权内之执行行动，在适当情形下，应利用此项区域办法或区域机关。如无安全理事会之授权，不得依区域办法或由区域机关采取任何执行行动；但关于依第一百零七条之规定对付本条第二项所指之任何敌国之步骤，或在区域办法内所取防备此等国家再施其侵略政策之步骤，截至本组织经各关系政府之请求，对于此等国家之再次侵略，能担负防止责任时为止，不在此限。

二、本条第一项所称敌国系指第二次世界大战中为本宪章任何签字国之敌国而言。

第五十四条

关于为维持国际和平及安全起见，依区域办法或由区域机关所已采取或正在考虑之行动，不论何时应向安全理事会充分报告之。

第九章：国际经济及社会

第五十五条

为造成国际间以尊重人民平等权利及自决原则为根据之和平友好关系所必要之安定及福利条件起见，联合国应促进：

（子）较高之生活程度，全民就业，及经济与社会进展。

（丑）国际间经济、社会、卫生及有关问题之解决；国际间文化及教育合作。

（寅）全体人类之人权及基本自由之普遍尊重与遵守，不分种族、性别、语言或宗教。

第五十六条

各会员国担允采取共同及个别行动与本组织合作，以达成第五十五条所载之宗旨。

第五十七条

一、由各国政府间协定所成立之各种专门机关，依其组织约章之规定，于经济、社会、文化、教育、卫生及其他有关部门负有广大国际责任者，应依第六十三条之规定使与联合国发生关系。

二、上述与联合国发生关系之各专门机关，以下简称专门机关。

第五十八条

本组织应作成建议，以调整各专门机关之政策及工作。

第五十九条

本组织应于适当情形下，发动各关系国间之谈判，以创设为达成第五十五条规定宗旨所必要之新专门机关。

第六十条

履行本章所载本组织职务之责任，属于大会及大会权力下之经济及社会理事会。为此目的，该理事会应有第十章所载之权力。

第十章：经济及社会理事会

组织

第六十一条

一、经济及社会理事会由大会选举联合国五十四会员国组织之。

二、除第三项所规定外，经济及社会理事会每年选举理事十八国，任期三年。任满之理事国得即行连选。

三、经济及社会理事会理事国自二十七国增至五十四国后第一次选举时，除选举理事九国接替任期在该年年终届满之理事国外，应另增选理事二十七国。增选之理事二十七国中，九国任期一年，另九国任期二年，一依大会所定办法。

四、经济及社会理事会之每一理事国应有代表一人。

职权

第六十二条

一、经济及社会理事会得作成或发动关于国际经济、社会、文化、教育、卫生及其他有关事项之研究及报告；并得向大会、联合国会员国及关系专门机关提出关于此种事项之建议案。

二、本理事会为增进全体人类之人权及基本自由之尊重及维护起见，得作成建议案。

三、本理事会得拟具关于其职权范围内事项之协约草案，提交大会。

四、本理事会得依联合国所定之规则召集本理事会职务范围以内事项之国际会议。

第六十三条

一、经济及社会理事会得与第五十七条所指之任何专门机关订立协定，订明关系专门机关与联合国发生关系之条件。该项协定须经大会之核准。

二、本理事会，为调整各种专门机关之工作，得与此种机关会商并得向其提出建议，并得向大会及联合国会员国建议。

第六十四条

一、经济及社会理事会得取适当步骤，以取得专门机关之经常报告。本理事会得与联合国会员国及专门机关商定办法，俾就实施本理事会之建议及大会对于本理事会职权范围内事项之建议所采之步骤，取得报告。

二、本理事会得将对于此项报告之意见提送大会。

第六十五条

经济及社会理事会得向安全理事会供给情报，并因安全理事会之邀请，予以协助。

第六十六条

一、经济及社会理事会应履行其职权范围内关于执行大会建议之职务。

二、经大会之许可，本理事会得应联合国会员国或专门机关之请求，供其服务。

三、本理事会应履行本宪章他章所特定之其他职务，以及大会所授予之职务。

投票

第六十七条

一、经济及社会理事会每一理事国应有一个投票权。

二、本理事会之决议，应以到会及投票之理事国过半数表决之。

程序

第六十八条

经济及社会理事会应设立经济与社会部门及以提倡人权为目的之各种委员会，并得设立于行使职务所必需之其他委员会。

第六十九条

经济及社会理事会应请联合国会员国参加讨论本理事会对于该国有特别关系之任何事件，但无投票权。

第七十条

经济及社会理事会得商定办法使专门机关之代表无投票权而参加本理事会及本理事会所设各委员会之讨论，或使本理事会之代表参加此项专门机关之讨论。

第七十一条

经济及社会理事会得采取适当办法，俾与各种非政府组织会商有关于本理事会职权范围内之事件。此项办法得与国际组织商定之，关于适当情形下，经与关系联合国会员国会商后，得与该国国内组织商定之。

第七十二条

一、经济及社会理事会应自行制定其议事规则，包括其推选主席之方法。

二、经济及社会理事会应依其规则举行必要之会议。此项规则应包括因理事国过半数之请求而召集会议之条款。

第十一章：关于非自治领土之宣言

第七十三条

联合国各会员国，于其所负有或担承管理责任之领土，其人民尚未臻自治之充分程度者，承认以领土居民之福利为至上之原则，并接受在本宪章所建立之国际和平及安全制度下，以充分增进领土居民福利之义务为神圣之信托，且为此目的：

（子）于充分尊重关系人民之文化下，保证其政治、经济、社会及教育之进展，予以公平待遇，且保障其不受虐待。

（丑）按各领土及其人民特殊之环境、及其进化之阶段，发展自治；对各该人民之政治愿望，予以适当之注意；并助其自由政治制度之逐渐发展。

（寅）促进国际和平及安全。

（卯）提倡建设计划，以求进步；奖励研究；各国彼此合作，并于适当之时间及场合与专门国际团体合作，以求本条所载社会、经济及科学目的之实现。

（辰）在不违背安全及宪法之限制下，按时将关于各会员国分别负责管理领土内之经济、社会及教育情形之统计及具有专门性质之情报，递送秘书长，以供参考。本宪章第十二章及第十三章所规定之领土，不在此限。

第七十四条

联合国各会员国共同承诺对于本章规定之领土，一如对于本国区域，其政策必须以善邻之道奉为圭臬；并于社会、经济及商业上，对世界各国之利益及幸福，予以充分之注意。

第十二章：国际托管制度

第七十五条

联合国在其权力下，应设立国际托管制度，以管理并监督凭此后个别协定而置于该制度下之领土。此项领土以下简称托管领土。

第七十六条

按据本宪章第一条所载联合国之宗旨，托管制度之基本目的应为：

（子）促进国际和平及安全。

（丑）增进托管领土居民之政治、经济、社会及教育之进展；并以适合各领土及其人民之特殊情形及关系人民自由表示之愿望为原则，且按照各托管协定之条款，增进其趋向自治或独立之逐渐发展。

（寅）不分种族、性别、语言或宗教，提倡全体人类之人权及基本自由之尊重，并激发世界人民互相维系之意识。

（卯）于社会、经济及商业事件上，保证联合国全体会员国及其国民之平等待遇，及各该国民于司法裁判上之平等待遇，但以不妨碍上述目的之达成，且不违背第八十条之规定为限。

第七十七条

一、托管制度适用于依托管协定所置于该制度下之下列各种类之领土：

（子）现在委任统治下之领土。

（丑）因第二次世界大战结果或将自敌国割离之领土。

（寅）负管理责任之国家自愿置于该制度下之领土。

二、关于上列种类中之何种领土将置于托管制度之下，及其条件，为此后协定所当规定之事项。

第七十八条

凡领土已成为联合国之会员国者，不适用托管制度；联合国会员国间之关系，应基于尊重主权平等之原则。

第七十九条

置于托管制度下之每一领土之托管条款，及其更改或修正，应由直接关系各国、包括联合国之会员国而为委任统治地之受托国者，予以议定，其核准应依第八十三条及第八十五条之规定。

第八十条

一、除依第七十七条、第七十九条及第八十一条所订置各领土于托管制度下之个别托管协定另有议定外，并在该项协定未经缔结以前，本章任何规定绝对不得解释为以任何方式变更任何国家或人民之权利、或联合国会员国个别签订之现有国际约章之条款。

二、本条第一项不得解释为对于依第七十七条之规定而订置委任统治地或其他领土于托管制度下之协定，授以延展商订之理由。

第八十一条

凡托管协定均应载有管理领土之条款，并指定管理托管领土之当局。该项当局，以下简称管理当局，得为一个或数个国家，或为联合国本身。

第八十二条

于任何托管协定内，得指定一个或数个战略防区，包括该项协定下之托管领土之一部或全部，但该项协定并不妨碍依第四十三条而订立之任何特别协定。

第八十三条

一、联合国关于战略防区之各项职务，包括此项托管协定条款之核准、及其更改或修正，应由安全理事会行使之。

二、第七十六条所规定之基本目的，适用于每一战略防区之人民。

三、安全理事会以不违背托管协定之规定且不妨碍安全之考虑为限，应利用托管理事会之协助，以履行联合国托管制度下关于战略防区内之政治、经济、社会及教育事件之职务。

第八十四条

管理当局有保证托管领土对于维持国际和平及安全尽其本分之

义务。该当局为此目的得利用托管领土之志愿军、便利及协助，以履行该当局对于安全理事会所负关于此点之义务，并以实行地方自卫，且在托管领土内维持法律与秩序。

第八十五条

一、联合国关于一切非战略防区托管协定之职务，包括此项托管协定条款之核准及其更改或修正，应由大会行使之。

二、托管理事会于大会权力下，应协助大会履行上述之职务。

第十三章：托管理事会

组织

第八十六条

一、托管理事会应由下列联合国会员国组织之：

（子）管理托管领土之会员国。

（丑）第二十三条所列名之国家而现非管理托管领土者。

（寅）大会选举必要数额之其他会员国，任期三年，俾使托管理事会理事国之总数，于联合国会员国中之管理托管领土者及不管理者之间，得以平均分配。

二、托管理事会之每一理事国应指定一特别合格之人员，以代表之。

职权

第八十七条

大会及在其权力下之托管理事会于履行职务时得：

（子）审查管理当局所送之报告。

（丑）会同管理当局接受并审查请愿书。

（寅）与管理当局商定时间，按期视察各托管领土。

（卯）依托管协定之条款，采取上述其他行动。

第八十八条

托管理事会应拟定关于各托管领土居民之政治、经济、社会及教育进展之问题单；就大会职权范围内，各托管领土之管理当局应根据该项问题单向大会提出常年报告。

投票

第八十九条

一、托管理事会之每一理事国应有一个投票权。

二、托管理事会之决议应以到会及投票之理事国过半数表决之。

程序

第九十条

一、托管理事会应自行制定其议事规则，包括其推选主席之方法。

二、托管理事会应依其所定规则，举行必要之会议。此项规则应包括关于经该会理事国过半数之请求而召集会议之规定。

第九十一条

托管理事会于适当时，应利用经济及社会理事会之协助，并对于各关系事项，利用专门机关之协助。

第十四章：国际法院

第九十二条

国际法院为联合国之主要司法机关，应依所附规约执行其职务。该项规约系以国际常设法院之规约为根据并为本宪章之构成部分。

第九十三条

一、联合国各会员国为国际法院规约之当然当事国。

二、非联合国会员国之国家得为国际法院规约当事国之条件，应由大会经安全理事会之建议就各别情形决定之。

第九十四条

一、联合国每一会员国为任何案件之当事国者，承诺遵行国际法院之判决。

二、遇有一造不履行依法院判决应负之义务时，他造得向安全理事会申诉。安全理事会如认为必要时，得作成建议或决定应采办法，以执行判决。

第九十五条

本宪章不得认为禁止联合国会员国依据现有或以后缔结之协定，将其争端托付其他法院解决。

第九十六条

一、大会或安全理事会对于任何法律问题得请国际法院发表咨询意见。

二、联合国其他机关及各种专门机关，对于其工作范围内之任何法律问题，得随时以大会之授权，请求国际法院发表咨询意见。

第十五章：秘书处

第九十七条

秘书处置秘书长一人及本组织所需之办事人员若干人。秘书长应由大会经安全理事会之推荐委派之。秘书长为本组织之行政首长。

第九十八条

秘书长在大会、安全理事会、经济及社会理事会、及托管理事会之一切会议，应以秘书长资格行使职务，并应执行各该机关所托付之其他职务。秘书长应向大会提送关于本组织工作之常年报告。

第九十九条

秘书长得将其所认为可能威胁国际和平及安全之任何事件，提请安全理事会注意。

第一百条

一、秘书长及办事人员于执行职务时，不得请求或接受本组织以外任何政府或其他当局之训示，并应避免足以妨碍其国际官员地位之行动。秘书长及办事人员专对本组织负责。

二、联合国各会员国承诺尊重秘书长及办事人员责任之专属国际性，决不设法影响其责任之履行。

第一百零一条

一、办事人员由秘书长依大会所定章程委派之。

二、适当之办事人员应长期分配于经济及社会理事会、托管理事会，并于必要时，分配于联合国其他之机关。此项办事人员构成秘书处之一部。

三、办事人员之雇用及其服务条件之决定，应以求达效率、才干及忠诚之最高标准为首要考虑。征聘办事人员时，于可能范围内，应充分注意地域上之普及。

第十六章：杂项条款

第一百零二条

一、本宪章发生效力后，联合国任何会员国所缔结之一切条约及国际协定应尽速在秘书处登记，并由秘书处公布之。

二、当事国对于未经依本条第一项规定登记之条约或国际协定，不得向联合国任何机关援引之。

第一百零三条

联合国会员国在本宪章下之义务与其依任何其他国际协定所负之义务有冲突时，其在本宪章下之义务应居优先。

第一百零四条

本组织于每一会员国之领土内，应享受于执行其职务及达成其宗旨所必需之法律行为能力。

第一百零五条

一、本组织于每一会员国之领土内，应享受于达成其宗旨所必需之特权及豁免。

二、联合国会员国之代表及本组织之职员，亦应同样享受于其独立行使关于本组织之职务所必需之特权及豁免。

三、为明定本条第一项及第二项之施行细则起见，大会得作成建议，或为此目的向联合国会员国提议协约。

第十七章：过渡安全办法

第一百零六条

在第四十三条所称之特别协定尚未生效，因而安全理事会认为尚不得开始履行第四十二条所规定之责任前，一九四三年十月三十日在莫斯科签订四国宣言之当事国及法兰西应依该宣言第五项之规定，互相洽商，并于必要时，与联合国其他会员国洽商，以代表本组织采取为维持国际和平及安全宗旨所必要之联合行动。

第一百零七条

本宪章并不取消或禁止负行动责任之政府对于在第二次世界大战中本宪章任何签字国之敌国因该次战争而采取或受权执行之行动。

第十八章：修正

第一百零八条

本宪章之修正案经大会会员国三分之二表决并由联合国会员国三分之二、包括安全理事会全体常任理事国，各依其宪法程序批准后，对于联合国所有会员国发生效力。

第一百零九条

一、联合国会员国，为检讨本宪章，得以大会会员国三分之二表决，经安全理事会任何九理事国之表决，确定日期及地点举行全体会议。联合国每一会员国在全体会议中应有一个投票权。

二、全体会议以三分之二表决所建议对于宪章之任何更改，应经联合国会员国三分之二、包括安全理事会全体常任理事国，各依其宪法程序批准后，发生效力。

三、如于本宪章生效后大会第十届年会前，此项全体会议尚未举行时，应将召集全体会议之提议列入大会该届年会之议事日程；如得大会会员国过半数及安全理事会任何七理事国之表决，此项会议应即举行。

第十九章：批准及签字

第一百一十条

一、本宪章应由签字国各依其宪法程序批准之。

二、批准书应交存美利坚合众国政府。该国政府应于每一批准书交存时通知各签字国，如本组织秘书长业经委派时，并应通知秘书长。

三、一俟美利坚合众国政府通知已有中华民国、法兰西、苏维埃社会主义共和国联盟、大不列颠及北爱尔兰联合王国与美利坚合众国，以及其他签字国之过半数将批准书交存时，本宪章即发生效力。美利坚合众国政府应拟就此项交存批准之议定书并将副本分送所有签字国。

四、本宪章签字国于宪章发生效力后批准者，应自其各将批准书交存之日起为联合国之创始会员国。

第一百一十一条

本宪章应留存美利坚合众国政府之档库，其中、法、俄、英、及西文各本同一作准。该国政府应将正式副本分送其他签字国政府。

为此联合国各会员国政府之代表谨签字于本宪章，以昭信守。

公历一千九百四十五年六月二十六日签订于金山市。

参考文献

中文专著

蔡拓：《全球化与政治转型》，北京大学出版社，2007 年版。

蔡英文：《主权国家与市民社会》，北京大学出版社，2006 年版。

陈东晓等：《联合国：新议程和新挑战》，时事出版社，2005 年版。

陈鲁直、李铁城主编：《联合国与世界秩序》，北京语言学院出版社，1993 年版。

陈世材：《国际组织——联合国体系研究》，中国友谊出版公司，1986 年版。

戴轶：《联合国集体安全制度改革问题研究》，中国社会科学出版社，2014 年版。

邓正来、杰弗里·亚历山大：《国家与市民社会——一种社会理论的研究路径（增订版）》，世纪出版集团、上海人民出版社，2006 年版。

杜农一、陆建新主编：《维和行动概论》，军事谊文出版社，2004 年版。

何增科：《公民社会与民主治理》，中央编译出版社，2007 年版。

黄仁伟、刘杰：《国家主权新论》，时事出版社，2004 年版。

李东燕：《联合国》，社会科学文献出版社，2005 年版。

李惠斌：《全球化与公民社会》，广西师范大学出版社，2003 年版。

李铁城主编：《联合国的历程》，北京语言学院出版社，1993 年版。

李铁城：《联合国五十年》，中国书籍出版社，1995 年版。

李铁城主编：《世纪之交的联合国》，人民出版社，2002 年版。

李铁城：《走近联合国》，人民出版社，2008 年 12 月版。

李铁城、邓秀杰：《联合国简明教程》，北京大学出版社，2015 年版。

李醒嘉：《我在联合国 33 年》，云南大学出版社，2012 年版。

梁西：《国际组织法（总论）》，武汉大学出版社，2001 年版。

林其屏：《全球化与环境问题》，江西人民出版社，2002 年版。

刘曙光：《全球化与反全球化》，湖南人民出版社，2003 年版。

聂军：《冲突中的守望：联合国维和行动成功条件研究》，世界知识出版社，2011 年版。

庞中英：《中国学者看世界：全球治理卷》，新世界出版社，2007 年版。

蒲傅：《当代世界中的国际组织》，当代世界出版社，2002 年版。

饶戈平：《国际组织法》，北京大学出版社。1996 年版。

饶戈平：《全球化进程中的国际组织》，北京大学出版社，2005 年版。

任进：《政府组织与非政府组织》，山东人民出版社，2003 年版。

盛红生、贺兵：《当代国际关系中的"第三者"——非政府组织问题研究》，时事出版社，2004 年版。

苏长和：《全球公共问题与国际合作：一种制度的分析》，上海人民出版社，2000 年版。

王杰、张海滨、张志洲：《全球治理中的国际非政府组织》，北京大学出版社，2004 年版。

谢启美等编：《走向 21 世纪的联合国——纪念联合国成立 50 周年学术研讨会论文集》，世界知识出版社，1996 年版。

许光建：《联合国宪章诠释》，山西教育出版社，1999 年版。

杨泽伟：《联合国改革的国际法问题研究》，武汉大学出版社，2009 年版。

杨雪冬主编：《全球化：西方理论前沿》，社会科学文献出版社，2003 年版。

余华川、冯绍雷编：《联合国改革与发展：欧亚视角国际会议论文集》，华东师范大学出版社，2009 年版。

俞可平：《治理与善治》，社会科学文献出版社，2000 年版。

俞可平：《全球化：全球治理》，社会科学文献出版社，2003 年版。

俞可平：《权利政治与公益政治》，社会科学文献出版社，2003 年版。

俞可平：《全球化与国家主权》，社会科学文献出版社，2004年版。

于永达：《国际组织学》，清华大学出版社，2006年版。

袁士槟、钱文荣主编：《联合国机制与改革》，北京语言学院出版社，1995年版。

叶成坝：《亲历联合国高层》，世界知识出版社，2006年版。

叶宗奎、王杏芳：《国际组织概论》，中国人民大学出版社，2001年版。

仪名海：《20世纪国际组织》，北京广播学院出版社，2003年版。

仪名海：《联合国大会特别会议》，世界知识出版社，2009年版。

张贵洪：《国际组织与国际关系》，浙江大学出版社，2004年版。

张贵洪、郭峰铖、石晨霞、周怡编：《中国、联合国与全球治理》，时事出版社，2015年版。

张贵洪主编：《联合国发展报告：2012》，时事出版社，2013年版。

张贵洪主编：《联合国发展报告：2013—2014》，时事出版社，2015年版。

赵磊、高心满：《中国参与联合国维持和平行动的前沿问题》，时事出版社，2011年版。

赵磊：《构建和平：中国对联合国外交行为的演进》，九州出版社，2007年版。

赵黎青：《非政府组织与可持续发展》，经济科学出版社，1998

年版。

郑启荣、李铁城：《联合国大事编年（1945—1996）》，北京语言文化大学出版社，1998 年版。

郑启荣主编：《为了一个共同的世界——外交学院联合国研究论文选集》，世界知识出版社，2012 年版。

中国国际战略学会军控与裁军研究中心：《当代国际维和行动》，军事谊文出版社，2006 年版。

中国联合国协会编：《联合国基础知识》，世界知识出版社，2000 年版。

外文译著

［美］保罗·肯尼迪著，卿劼译：《联合国过去与未来——联合国与建立世界政府的构想》，海南出版社，2008 年版。

［英］戴维·赫尔德等：《全球大变革：全球化时代的政治、经济与文化》，社会科学文献出版社，2001 年版。

［英］戴维·赫尔德、安东尼·麦克格鲁：《治理全球化》，社会科学文献出版社，2004 年版。

［英］戴维·赫尔德：《全球盟约》，社会科学文献出版社，2005 年版。

［美］弗雷德里克·埃克哈德：《冷战后的联合国》浙江大学出版社，2010 年版。

［美］贾斯廷·罗森伯格著，洪邮生译：《市民社会的帝国——现实主义国际关系理论批评》，江苏人民出版社，2002 年版。

［加纳］科菲·安南著，付蕾、姜晓宁、赵莉妍等译：《我们人

民：面向二十一世纪的联合国》，外文出版社有限责任公司，2015年版。

［美］罗伯特·基欧汉著，门洪华译：《局部全球化世界中的自由主义、权力与治理》，北京大学出版社，2004 年版。

［美］莱斯特·萨拉蒙等：《全球公民社会——非营利部门视界》，社会科学文献出版社，2002 年版。

［法］让－马克·夸克著，周景兴译：《迈向国际法治：联合国对人道主义危机的回应》，生活·读书·新知三联书店，2008 年版。

［德］乌·贝克、哈贝马斯：《全球化与政治》，中央编译出版社，2000 年版。

［瑞典］英瓦尔·卡尔松、［圭亚那］什里达特·兰法尔，赵仲强等译：《天涯成比邻：全球治理委员会的报告》，中国对外翻译出版公司，1995 年版。

［日］星野昭吉：《全球化时代的世界政治》，社会科学文献出版社，2004 年版。

［英］亚当·罗伯茨、［新西兰］本尼迪克特·金斯伯里著，吴志成、张蒂、刘丰等译：《全球治理：分裂世界中的联合国》，中央编译出版社，2010 年版。

［美］约瑟夫·S. 奈著，王勇等译：《全球化世界的治理》，世界知识出版社，2003 年版。

［美］詹姆斯·罗西瑙等：《没有政府的治理》，江西人民出版社，2001 年版。

［美］朱莉·费希尔著，邓国胜、赵秀梅译：《NGO 与第三世界的政治发展》，社会科学文献出版社，2002 年版。

中文论文

蔡拓：《全球治理的反思与展望》，《天津社会科学》2015 年第 1 期。

蔡拓：《中国如何参与全球治理》，《国际观察》2014 年第 1 期。

樊勇明：《全球治理新格局中的金砖合作》，《国际展望》2014 年第 1 期。

冯继承：《中国参与联合国维和行动：学习实践与身份承认》，《外交评论》2012 年第 1 期。

何增科：《全球民主治理与联合国改革》，《当代世界与社会主义》2004 年第 1 期。

黄淼：《全球治理中的国际组织》，《教学与研究》2003 年第 9 期。

兰华、袁冲：《非政府组织与全球化》，《山东社会科学》，2004 年第 4 期。

李滨：《全球治理中理念的作用》，《战略决策研究》2014 年第 1 期。

李东燕：《中国参与联合国维和建和的前景与路径》，《外交评论》2012 年第 3 期。

李途、谭树林：《戴维·赫尔德的全球社会民主理论：价值取向与路径选择》，《当代世界与社会主义》2014 年第 2 期。

李艳君：《未来全球治理结构变化趋势及影响因素》，《国际经济合作》2014 年第 12 期。

刘云、崔静：《中国参与联合国非洲维和行动的特点与意义》，

《浙江师范大学学报（社会科学版）》2011 年第 1 期。

卢静：《当前全球治理的制度困境及其改革》，《外交评论》2014 年第 1 期。

罗艳华：《“保护的责任”的发展历程与中国的立场》，《国际政治科学》2014 年第 3 期。

罗艳华：《联合国人权理事会的设立及其背后的斗争》，《人权》2006 年第 3 期。

聂军：《联合国维和行动成功的条件》，《国际政治科学》2008 年第 2 期。

钱文荣：《联合国改革及未来》，《世界经济与政治》2000 年第 3 期。

曲星：《联合国宪章、保护的责任与叙利亚问题》，《国际问题研究》2012 年第 2 期。

石晨霞：《联合国与全球气候变化治理：问题与应对》，《社会主义研究》2014 年第 3 期。

孙洁琬：《非政府组织与联合国发展活动》，《政法论坛》，2004 年第 1 期。

孙茹、邱桂荣：《联合国改革及未来走势》，《现代国际关系》1997 年第 9 期。

孙伊然：《联合国全球契约：十年回顾与展望》，《现代国际关系》2011 年第 8 期。

宋渭澄：《联合国体系下的非政府组织及其国际政治效应》，《国际论坛》2003 年第 2 期。

王华：《治理中的伙伴关系：政府与非政府组织的间的合作》，《云南社会科学》2003 年第 3 期。

王文：《论非政府组织在联合国体系中的地位和作用》，《国际论坛》1999年第6期。

王杏芳、孙伯辉、赵军宝：《非政府组织在联合国的影响力及其制约因素》，《中共福建省委党校学报》，2003年第3期。

王学军：《中国参与非洲和平与安全建设的回顾与反思》，《国际问题研究》2012年第1期。

吴志成、赵圆圆：《英国参与全球治理分析》，《南开学报（哲学社会科学版）》2014年第4期。

张乃根：《试析联合国宗旨下的国际秩序及其演变》，《东方法学》2012年第2期。

张胜军：《全球化与国际组织的新角色》，《国际论坛》2004年第4期。

张逸潇：《从管理冲突到管理和平——联合国维和行动与冲突后国家的安全治理》，《国际安全研究》2015年第1期。

郑启荣：《试论非政府组织与联合国的关系》，《外交学院学报》1999年第1期。

赵黎青：《环境非政府组织与联合国体系》，《现代国际关系》1998年第10期。

赵黎青：《非政府组织与联合国体系》，《欧洲》1999年第5期。

朱天祥：《多层全球治理：地区间与次国家层次的意义》，《国际关系研究》2014年第1期。

［美］克里斯托弗·蔡斯·邓恩：《全球治理的民主赤字及其解决》，《学习与探索》2014年第10期。

［美］迈尔斯·凯勒：《新兴大国与全球治理的未来》，《学习与探索》2014年第10期。

英文文献

Alejandro Colas, International Civil Society: Social Movements in World Politics, Cambridge: Polity Press, 2002.

Agostinho Zacarias, The United Nations and International Peace-keeping, New York: I. B. Tauris, 1996.

Boutros Boutros – Ghali, An Agenda for Peace: Preventive Diplomacy, Peacemaking and Peace – keeping, UN document, A/47/277 – S/24111, 17th, June, 1992, online available at http://www.unrol.org/files/A_ 47_ 277.pdf.

Brian Urquhart, Hammarskjold, New York: W. W. Norton, 1994.

Carmen Malena: Strategic Partnership: Challenges and Best Practices in the Management and Governance of Multi – Stakeholder Partnerships Involving UN and Civil Society Actors. http://www.un – ngls.org/partnership – carmen – malena.doc.

Charter of the United Nations and Statute of the International Court of Justice, San Francisco, 1945, online available at https://treaties.un.org/doc/publication/ctc/uncharter.pdf.

Cedric Thornberry, A Nation is Born: The Inside Story of Namibia's Independence, Windhoek, Gamsberg Macmillan, 2004.

Constitution of the Republic of Namibia, from United Nations Security Council, Further Report of the Secretary – General Concerning the Implementation of Security Council Resolution 435 (1978) Concerning the Question of Namibia, S/20967/Add. 2, 16 March 1990, http://daccess - dds - ny. un. org/doc/UNDOC/GEN/N90/053/43/IMG/N9005343. pdf? OpenElement.

Dr. Mariam Al - Orifi: "It is Time to Reform the United Nations". http: //www. arabnews. com/? page = 7&section = 0&article = 41692&d =22&m = 3&y = 2004.

Duane Bratt, 'Assessing the Success of UN Peacekeeping Operations' in Michael Pugh (ed.) The UN, Peace and Force, Frank Cass, London, 1997.

Han Dorussen, Theodora - Ismene Gizelis, 'Into the lion's den: Local responses to UN peacekeeping', Journal of Peace Research, SAGE, June 2013.

Hedley Bull, The Anarchieal Society, New York: Columbia University Press, 1997.

James Dobbins et al., 'The Beginner's Guide to Nation - Building', RAND Corporation, 2007.

Joseph S. Stiglitz, Globalization and its Discontensts, New York: W. W. Norton&Company, 2002.

Karen A. Mingst, Margaret P. Karns, The United Nations in the 21st Century, fourth edition, Westview Press, 2012.

Kari Egge, 'The United Nations and Namibia since 1990', 2011, online available athttp: //www. kas. de/upload/Publikationen/2014/namibias_ foreign_ relations/Namibias_ Foreign_ Relations_ egge. pdf.

Knight, W. Andy, Adapting the UN to a Postmodern Era: Lesson Learned, Palgrave, 2001.

Lisa Hultman, 'UN peace operations and protection of civilians:

Cheap talk or norm implementation?', Journal of Peace Research, Vol 50: 1, SAGE, 2012.

Machiko Kanetake, 'The UN Zero Tolerance Policy's Whereabouts: on the Discordance Between Politics and Law on the Internal – External Divide', Amsterdam Law Forum, Vol 4: 4, VU University Amsterdam, 2012.

Margaret P. Karns, Karen A. Mingst, International Organizations: The Politics and Processes of Global Governance, Lynner Rienner Publishers, 2004.

Margaret P. Karns, 'The Roots of UN Post – Conflict Peacebuilding: A case study of autonomous agency', in International Organizations as Self – Directed Actors: A framework for analysis, edited by Joel E. Oestreich, London and New York: Routledge, 2012.

Michael W. Doyle, Nicholas Sambanis, 'Peacekeeping Operations', in The Oxford Handbook on the United Nations, Tomas G. Weiss, Sam Daws (eds.), Oxford University Press, 2008.

Nye, Joseph S. and John D. Donahue, Governance in a Globalizing World, Washington, D. C.: Brookings Institution Press, 2000.

Oran Young, Governance in world Affairs, Ithaca: Cornell University Press, 1999.

Peter Newell, Climate for Change: non – state actors and the global politics of Greenhouse, Cambridge: Cambridge University Press, 2000.

Peter Wallensteen, Birger Heldt, 'International Peacekeeping: The UN Versus Regional Organizations', in The Politics of Global Governance: International Organizations in an Independent World, fourth edition, edited by Paul F. Diehl, Brian Frederking, London: Lynne Rienner Publishers, 2010.

Pual Hirst, Grahame Thom Pson, Globalization in Question, Cambridge: Polity Press, 1996.

Ramesh Thakur, The United Nations, Peace and Security: From Collective Security to the Responsibility to Protect, Cambridge University Press, 2008.

Seholte, Jan Aart, Globalization: *A Critical Introduction* , New York: St. Martin's Press, 2000.

Sushil Vachani, Transformations in global governance: implications for multinationals and other stakeholders, Cheltenham; Northampton, MA: Edward Elgar, 2006.

Tomas G. Weiss, Sam Daws, ' World Politics: Continuity and Change since 1945 ', in The Oxford Handbook on the United Nations, Tomas G. Weiss, Sam Daws (eds.), Oxford University Press, 2008.

United Nations Department of Publication, United Nations Peacekeeping Background Note, November, 2013, online available at https: //www. un. org/en/peacekeeping/documents/backgroundnote. pdf.

United Nations Department of Publication, UN Peacekeeping Operations Fact Sheet: 10 April 2014, UN document available online at http: //www. un. org/en/peacekeeping/documents/bnote314. pdf.

United Nations General Assembly, Resolution 2145 (XXI), Question of South West Africa, 27 October, 1966, document available online athttp: //daccess - dds - ny. un. org/doc/RESOLUTION/GEN/NR0/004/48/IMG/NR000448. pdf? OpenElement.

United Nations General Assembly, Security Council, Report of the Panel on United Nations Peace Operations (The Brahimi Report), A/55/305 - S/2000/309, 21st, August, 2000, online available at http://www.unrol.org/doc.aspx? n = brahimi + report + peacekeeping.pdf.

United Nations Security Council, Further Report of the Secretary - General Concerning the Implementation of Security Council Resolution 435 (1978) Concerning the Question of Namibia, S/21215, 28 March 1990, document available online at http://daccess - dds - ny.un.org/doc/UNDOC/GEN/N90/081/34/IMG/N9008134.pdf? OpenElement.

United Nations Security Council, Resolution 435 (1978) of 29 September 1978, document available online at http://daccess - dds - ny.un.org/doc/RESOLUTION/GEN/NR0/368/80/IMG/NR036880.pdf? OpenElement.

United Nations Security Council, Resolution 629 (1989) of 16 January 1989, document available online at http://daccess - dds - ny.un.org/doc/RESOLUTION/GEN/NR0/557/66/IMG/NR055766.pdf? OpenElement.

Virginia Page Fortna, 'Does Peacekeeping Keep Peace? International Intervention and the Duration of Peace After Civil War', International Study Quarterly, (2004) 48, pp. 269 - 292, online available athttp://www.saramitchell.org/fortna.pdf.

Virginia Page Fortna, 'United Nations Transition Assistance Group', in The Evolution of UN Peacekeeping, edited by William J. Durch, New York: St. Martin's Press, 1993.

Welch, Claud E., NGOs and the UN, and Global Governance,

London: Lynne Rienner Publisher, 1996.

Willetts, Petter, " The Conscience of the World": The Influence of NGOs in the UN System, London: Hurst and Company, 1996.

William J. Durch, Michelle Ker, Police in UN Peacekeeping: Improving Selection, Recruitment, and Deployment, November 2013, International Peace Institute, online available at http://reliefweb.int/sites/reliefweb.int/files/resources/ipi_e_pub_police_in_un_peacekeeping.pdf.

Windhoek Declaration: On the 10th Anniversary of the United States Transitional Assistance Group, Windhoek, Namibia, 31 May, 2000, online available at http://www.un.org/womenwatch/osagi/wps/windhoek_declaration.pdf.

Winrich Kuhne, 'Peace Support Operations: How to Make Them Succeed', Friedrich Ebert Foundation, online available at http://www.fes.de/ipg/ipg4_99/ARTKUEHNE.PDF.

后　记

这本书是“北京青年英才计划”项目的成果，是这两年给研究生开的“联合国与全球治理”课程讲义的总结。国际关系学界翻译介绍、分析探讨理论的精品力作层出不穷，本书以案例分析为权做理论分析的补充，介绍联合国各领域治理实践，分析其在全球治理中的地位和作用。本人才疏学浅、天资有限，兴趣爱好较多，再加上项目时间限制，此书离精品尚远，是谓自知之明！

12 年前，我到中共中央党校国际战略研究所读研究生的时候，就开始思考研究方向。哪个方向可以研究一辈子，值得研究一辈子，而且还能一辈子乐此不疲？这或许需要机遇。刚开始了解联合国研究时，并没有想到会将注意力集中于此。目前，联合国研究在国内学界不属热门主流，但寒暑流逝冷热交替，联合国研究却是国际问题研究的必要科目，不可或缺。如今全球治理理念逐渐被接受，并且成为国际问题研究的新视角。有关全球治理视角下的联合国研究，本书算抛砖引玉吧。

本书的付梓要感谢一路上的良师益友。我的硕士导师赵黎青教授、博士导师李宝俊教授以极大的宽容和耐心扶我走上了学术之路。

在此我还需要特别感谢李铁城教授，八十高龄的李老师从宏观结构到具体细节都给我提出宝贵意见，李老师孜孜以求一丝不苟的精神受用终身。另外，需要感谢杨庆春老师和余长火博士长期以来的关照和启发，无论是在生活中还是在学术上总让我获益良多。时事出版社的领导和高冉编辑为本书的如期出版付出了艰辛的努力，致谢！在此需要特别感谢我的家人，父母兄弟的辛勤付出才让我和妻子曹宏得以轻松享受孩子成长的快乐和家庭的温暖！永远爱你们！

金彪

2015 年 11 月于北京